Helmut Stücher

DAS „JUDENBUCH"
IN DER NAZIZEIT

Erinnerungen eines
Nichtwählers

Bibliografische Information der
Deutschen Nationalbibliothek:
Die Deutsche Nationalbibliothek
verzeichnet diese Publikation in
der Deutschen Nationalbibliografie;
detaillierte bibliografische Daten
sind im Internet über dnb.dnb.de
abrufbar.

© 2020 Herausgeber: Helmut Stücher,
Grabettstr. 48, 57080 Siegen

Umschlaggestaltung, Layout und Satz:
Henrich GmbH Druck + Werbung, Siegen

Herstellung und Verlag:
BoD – Books on Demand, Norderstedt

ISBN: 978-3-7504-5263-3

INHALT

„Gedenket eurer Führer,
die das Wort Gottes zu euch
geredet haben, und, den Ausgang
ihres Wandels anschauend,
ahmet ihren Glauben nach"

(Hebr.12,7)

VORWORT

Bei den vorliegenden „Erinnerungen" handelt es sich um zusammenhängende Erzählungen meines Vaters Wilhelm Stücher, ein Jahr vor seinem Heimgang (1969).

Er sagte: „In den vergangenen 30 Jahren seit dem Versammlungsverbot 1937 bin ich oft gebeten worden – und das vor allem in letzter Zeit – meine Eindrücke und Erlebnisse jener Tage einmal ausführlich im Zusammenhang wiederzugeben zum Nutzen und zur Belehrung für die jüngere Generation, die diese Zeit nicht miterlebt hat."

Diese Memoiren sind auf Tonband gesprochen worden und später davon abgeschrieben, so daß es sich um das gesprochene Wort handelt, das nicht mehr überarbeitet wurde.

Der Herausgeber

DIE „BRÜDER" UND DER GEIST DES NATIONALSOZIALISMUS

Mit dem Jahre 1933, dem Jahr der Machtübernahme des National-sozialismus, war auch schon der Geist desselben, zu unserer Schande sei es gesagt, in der Mitte der Brüder wirksam und machte sich breit.

Bruder Rudolf Brockhaus war auf der letzten Dillenburger Konferenz 1932, die er besuchte, so stark beeindruckt und traurig über diese Tatsache, daß er mit großem Ernst vor diesem Geist aus dem Abgrund warnte. Seine Warnung fand aber nur wenig Beachtung, wie sich auf der nächsten Konferenz in 1933 zeigte.

Der Herr fügte es, daß zur fortlaufenden Betrachtung 1. Könige 12, ab Vers 26 betrachtet wurde; nämlich die Sünde Jerobeams, der eine Staatsreligion einführte, um die Einheit der 10 Stämme zu sichern, damit sie nicht nach Jerusalem zu gehen brauchten, wo der Altar Jehovas stand; dann Kap. 13 – das Zeugnis des Mannes Gottes aus Juda wider den Altar von Bethel, den Jerobeam errichtet hatte.

Daß die gegenwärtige gefahrenvolle Situation kaum verstanden worden war, zeigte das Beispiel eines Bruders, der nach der Konferenz in einer Versammlung Vorträge hielt – ausgerechnet über obengenannte Kapitel. Nach einem Vortrag bemerkte derselbe unbegreiflicherweise, daß er es sehr bedaure, dem Mann in Nürnberg – denn dort war gerade der Parteitag unter dem Motto „Der Triumph des Willens" – nicht die Hand drücken zu können.

Ein Rundschreiben von den Brüdern Wilhelm und Ernst Brockhaus, Elberfeld, an alle Versammlungen, zwang mich mit einem Freunde zur Stellungnahme. Jene Brüder hatten es zweifellos in der besten Absicht verfaßt, um die Gemüter der Geschwister im Blick auf die bevorstehende Wahl zu beschwichtigen. Es hieß darin:

„In den letzten Monaten geht eine gewisse Beunruhigung durch unsere Geschwisterkreise. Immer wieder hört man Fragen wie: Was für eine Stellung wird die neue Regierung wohl zu uns einnehmen? Werden wir uns auch weiterhin ruhig in unseren Sälen versammeln und die Arbeiten tun dürfen, die der Herr uns aufgetragen hat?

Statt daß man ruhig und im Vertrauen auf Den, der „alles wirkt nach dem Rate seines Willens", seinen Weg fortsetzt, läßt man sich durch beunruhigende Gerüchte beirren, die irgendwo herkommen und erfahrungsgemäß meist durch das Weitergeben verstärkt werden.

So wurde u. a. kolportiert, die Reichsregierung beabsichtige, alle freikirchlichen Kreise sowie die Gemeinschaften, zu denen wir gerechnet werden, in die Reichskirche einzugliedern und dergleichen mehr.

Wir möchten die Geschwister herzlich bitten, sich durch derartige Gerüchte nicht beunruhigen zu lassen.

Wir haben allen Grund, der Versicherung unseres verehrten Kanzlers Adolf Hitler, daß nicht daran gedacht werde, die Gewissensfreiheit des einzelnen irgendwie anzutasten, volles Vertrauen zu schenken. Wir können sogar aus sicherer Quelle mitteilen, daß der Reichsregierung, der wir allein unterstellt sind, irgendwelche Gleichschaltungs-Absichten in dieser Hinsicht völlig fern liegen.

Andererseits ist es selbstverständlich, daß die Regierung, die so bemüht ist, Zucht und Ordnung im Land wieder herzustellen und eine ernstere christliche Lebensauffassung im Volke zu wecken, dagegen Gottlosen- und Atheistenbewegungen tatkräftig zu steuern usw., in erster Linie von den wahren Christen erwartet, daß sie hinter ihr stehen und ihre guten Bestrebungen nach Kräften unterstützen.

Wir möchten daher dieses kurze Wort nicht schließen, ohne unsere Geschwister auf die bekannten Stellen Röm. 13; 1. Tim. 2; 1. Petr. 2, 13-15 hinzuweisen.

Denken wir an Rußland, und wie leicht es möglich gewesen wäre, daß die dortigen entsetzlichen Verhältnisse auch auf unser Land übergegriffen hätten, so haben wir wahrlich alle Ursache, nicht nur Gott für unsere Regierung, die uns unter Seiner Vorsehung vor diesen Schrecken bewahrt hat, zu danken, sondern auch viel für sie zu beten – denn die übernommenen Aufgaben sind wahrlich schwer – und ihre Wünsche auf tatkräftige Unterstützung nach Möglichkeit zu erfüllen.

Im Namen vieler Brüder, E. u. W. Brockhaus"

Darauf erwiderte ich:

„Das vertrauliche Schreiben....wurde in der Versammlung vorgelesen. Mit dem ersten Teil.... bin ich voll und ganz einverstanden. Nur möchte ich einige allgemeine Bemerkungen zum letzten Teil des Briefes machen.

Daß das Schreiben in dem gegebenen Augenblick wie eine Aufforderung zum Wählen wirken mußte – ob es so wirken sollte, weiß ich nicht, nehme es aber an –, hätten die Schreiber sich sagen müssen.

Es ist Ihnen aber auch bekannt, daß gerade in Bezug auf das Wählen viele Geschwister, und zwar gerade ernste und treue Christen, eine andere Überzeugung haben, eine Überzeu-

gung, die bis dahin in unserem Kreis und in unseren Schriften immer wieder zum Ausdruck gekommen ist.

Ich erinnere da an die Artikel im „Botschafter" und in der „Tenne" (Mai 1926), ferner an die Schriften von Bruder Darby (Die Welt und der Christ; Die Brüder und die Lehre), auch an die Schriften von Bruder Mackintosh (die Bücher Mose, besonders das Beispiel der Fremdlinge im 1. Buch; das Leben des Glaubens usw.), welcher doch auch einen ganz anderen Standpunkt einnahm und darin zum Ausdruck gebracht hat, als Sie es in dem Schreiben tun; sodann erinnere ich daran, daß im vorigen Jahr noch ein kurzer Brief von Bruder Darby den Schriften beilag, der ebenfalls das Gegenteil besagte.

Ich bin erstaunt, daß die Schreiber des Briefes, der in diesen Tagen vermutlich in den meisten Versammlungen bekannt wird, sich so leicht über die Überzeugung dieser Brüder, welche doch sicher ein großes Maß von geistlichem Verständnis und Erkenntnis des Wortes und der Gedanken Gottes besaßen, hinwegsetzen. Selbst wenn man persönlich anderer Meinung war, hätte doch diese Tatsache zu größerer Vorsicht veranlassen und der Gedanke an die Überzeugung vieler anderer Sie davor zurückschrecken lassen müssen, jetzt einen gegensätzlichen Standpunkt zu vertreten und die Geschwister in dieser Richtung zu beeinflussen. Heißt das nicht, die Grenze der Väter verrücken? –

Auch hätte Ihnen bei ruhiger, besonnener Erwägung der Gedanke kommen müssen, daß durch diese Briefe in den Versammlungen möglicherweise Unstimmigkeiten hervorgerufen werden könnten, da Sie doch wußten, daß manche anderer Ansicht sind.

So wurde z. B. hier der Brief ohne vorherige Befragung der Brüderversammlung und trotz meines persönlichen Abratens von einem Bruder unter Zustimmung einiger gleichgesinnter

11

Brüder, die zur Politik ebenso stehen wie er, vorgelesen. Daß dies die Eintracht nicht fördert, ist jedem ohne weiteres klar.

Am Schluß des Briefes wird gesagt, daß wir die Obrigkeit nun auch tatkräftig unterstützen sollten, unter Hinweis auf die bekannten Stellen Römer 13; 1.Petr.2 und 1.Tim.2. Steht das in diesen Stellen?

Ich lese dort nur von Ermahnungen, den Gewalten unterworfen zu sein, der Obrigkeit zu gehorchen, und für die Menschen in Hoheit zu beten, aber nichts davon, die Obrigkeit tatkräftig zu unterstützen — das sind doch wahrlich sehr verschiedene Dinge. In unserer Zeit, wo ohnedies schon so viele Brüder mehr als nötig damit beschäftigt sind ... wäre es doch m. E. notwendiger gewesen, das Gegenteil zu tun, nämlich unsere Geschwister auf ihre himmlische Berufung und Stellung und deren Verwirklichung hinzuweisen.

Ich bin weit davon entfernt und habe es nie in meinem Herzen getan, Brüder, die glaubten wählen zu sollen, zu verurteilen; aber es als wichtig, als dem Worte Gottes entsprechend unter Anführung der vorerwähnten Schriftstellen hinzustellen, das geht doch zu weit.

Und deshalb bedaure ich sehr, daß der Rundbrief geschrieben und die Geschwister in dieser Weise beeinflußt worden sind. An der allgemeinen Beteiligung an dieser Sache wird dadurch wenig geändert, denn ich glaube, daß auch ohne diesen Rundbrief unter dem gegenwärtigen Druck nur ganz Vereinzelte nicht wählen werden..."

In 1.Tim. 2 wird nichts von der Obrigkeit gesprochen, sondern von der Fürbitte für alle Menschen, auch für die Menschen in Hoheit, und zwar in bezug auf das Wohl und die Errettung ihrer Seelen, gemäß dem Willen des „Heiland-Gottes, welcher will, daß alle Menschen errettet werden und zur Erkenntnis der Wahrheit kommen."

Da es eben den Hochgestellten und Machthabern um soviel schwerer wird, ihren Nacken zu beugen, um errettet zu werden, werden diese besonders erwähnt, damit auch für sie gebetet werde – auch dann, wenn sie uns nicht wohl, sondern feindlich gesinnt sind.

So etwa zur Zeit des Apostels Paulus, der unter der Herrschaft eines Nero den Timotheus- und den Römerbrief schrieb. Er sagte den Christen in Rom: *„Ihr hättet zwar allen Grund, Euch gegen eine solche despotische, tyrannische Regierung aufzulehnen, aber tut das nicht, revolutioniert nicht, unterwerft euch! Die Gewalt, die sie haben, haben sie von Gott. Gott hat diese Gewalten verordnet, und eben diesen sollt Ihr unterworfen sein."*

Die Autorität und die Macht, die die Obrigkeit hat, ist ihr von Gott gegeben. Von einer Einsetzung der jeweiligen obrigkeitlichen Institutionen ist keine Rede, sondern allgemein von dem Ursprung der Gewalten; diese sollen wir anerkennen, so wie wir die Autorität Gottes anerkennen und sich ihr unterwerfen.

Andererseits hat Gott der Obrigkeit Grenzen gesteckt, die klar umrissen sind: *„...die Steuer, dem die Steuer, der Zoll, dem der Zoll, die Ehre, dem die Ehre gebührt."*

Aber wenn sie diese Grenze überschreitet und in den Bereich vordringt, den Gott sich vorbehalten hat, der allein Autorität über die Gewissen hat, dann heißt es widerstehen. Das haben zu allen Zeiten die Heiligen getan.

Mir kam in dieser entscheidenden Zeit ein Bericht über die Reformierten in Frankreich in die Hand, die im Jahre 1563 von der französischen Regierung in ihrer Religionsfreiheit beschränkt wurden, so daß die Kirchentüren geschlossen wurden.

Sie haben dem König von Frankreich ihr Glaubensbekenntnis eingereicht und ihm in einem Begleitschreiben gesagt:

„Majestät! Wenn es Ihnen nicht beliebt, auf unsere Stimme zu hören, dann möge es Ihnen belieben, auf die Stimme des Sohnes Gottes zu hören, der Ihnen Gewalt gegeben hat über unsere Häuser, über unsere Güter, über unsere Leiber, ja, über unser Leben. Der Ihnen aber befiehlt, daß Ihm die Macht und Herrschaft über unsere Seelen und Gewissen, die Er Sich durch Sein Blut erkauft hat, vorbehalten bleiben soll."

Da waren die Grenzpfähle klar gesteckt, und die Brüder hätten über die beiden Herrschaftsbereiche Klarheit haben sollen; Martin Luther kannte sie.

Leider muß man sagen, daß vielen Brüdern, besonders wenn sie Soldat gewesen waren, eine gewisse Dosis Patriotismus geblieben war, den sie gut mit ihrem Christentum glaubten, vereinbaren zu können.

Aus einem Briefwechsel zwischen Bruder Rudolf Brockhaus, dem älteren, und dem Schweizer Bruder H. Rossier wurde deutlich, daß die Ansichten über die vaterländische Gesinnung des Christen und seine Beteiligung am Kriegsdienst sehr verschieden waren. Bruder Rossier vertrat eine sehr klare Linie, indem er sagte, daß es keine gerechte Sache auf dieser Erde gibt, außer der Sache Christi.

Jedoch in einem der „Botschafter" aus den Kriegsjahrgängen 1914/18 sprach man von der *gerechten deutschen Sache* und dem *guten Gewissen,* das man im Blick auf die Entstehung und Führung des Krieges haben könne.

Ich führe das an, weil es eine Erklärung dafür ist, wie es möglich war, daß dieser vaterländische Sinn, um nicht zu sagen die vaterländische „Begeisterung", durch die neue, allerchristlichste Regierung wieder im Volke propagiert, unter den Brüdern solchen fruchtbaren Boden fand.

Die Brüder Brockhaus antworteten mir bald auf meinen Brief:

„... möchte ich Ihnen folgendes erwidern: Seit Antritt der neuen Regierung liefen hier fortgesetzt ängstliche Fragen ein, wie es mit unserem weiteren Zusammenkommen bestellt sei. Verschiedene Versammlungen waren auch durch Übergriffe der örtlichen Parteileitung in Bedrängnis gekommen usw.

Dies hat eine Reihe von Brüdern veranlaßt, bereits im Juli diesen Jahres eine Zusammenkunft im Altersheim Ronsdorf zu haben, an der etwa 50 Brüder teilnahmen. Wir haben damals beschlossen, einstweilen nichts zu unternehmen, bis die neue Regierung direkt an uns herantreten würde.

Bei einer späteren Zusammenkunft im Schwesternmutterhaus „Persis", wo wieder etwa 30 Brüder versammelt waren, kam man überein, den Versammlungen eine beruhigende Mitteilung zu machen über die Absichten der neuen Regierung, die uns nach positiven Erkundigungen durchaus wohlwollend gegenübersteht.

Es ging einige Zeit darüber hin, ehe mein Vetter Wilhelm und ich dies Rundschreiben aufstellen konnten. Dann kam der Austritt Deutschlands aus dem Völkerbund, und damit liefen wieder eine Anzahl Anfragen und Schreiben hier ein, die offen eine Wahlbeteiligung gerade im Blick auf das Wohl der Versammlungen forderten.

Bruder C. aus L., der verschiedene Gründe zu einem weisen Verhalten der Regierung gegenüber auf Grund verschiedener Erfahrungen empfahl, legte den Gedanken nahe, daß wir im ‚Botschafter' oder in den Dönges Schriften öffentlich eine entsprechende Mitteilung machen sollten.

„Ich selbst halte es nicht nur aus Selbsterhaltungstrieb, sondern auch grundsätzlich diesmal für richtig, an der Abstimmung teilzunehmen. Es handelt sich um die Bekundung, daß man Röm. 13 verwirklicht", schreibt Bruder von Kietzell aus Berlin.

Bruder Kunze schreibt an Bruder C.: „Was die Volksabstimmung angeht, so bin ich derselben Meinung wie Du ... Ich denke, daß die meisten oder wohl alle Geschwister sich den Pflichten der Abstimmung nicht entziehen, sondern genügen werden.

Im Beiblatt kann ich keine Notiz mehr bringen, da die Nummer für November schon gedruckt ist. Ich denke, daß es nicht nötig ist, ein Rundschreiben an die Versammlungen zu richten. Der Herr wird den einzelnen Geschwistern klar machen, was sie tun sollen. In Wahrheit handelt es sich nicht um eine Wahl, sondern nur um ein ,Ja' oder ,Nein', d. h. die Regierung will wissen, ob die Untertanen mit den Maßnahmen der Regierung einverstanden sind oder nicht."

Wir haben uns dann auf diese Briefe hin noch mit verschiedenen älteren Brüdern hier und in der Umgebung ins Benehmen gesetzt, um sie zu fragen, was wir jetzt tun sollten ...

Wenn es nicht gerade d i e Brüder gewesen wären, die früher in ,Tenne', ,Beiblatt' usw. sich gegen die Wahl ausgesprochen haben, und die jetzt in diesem besonderen Falle sich für die Wahlbeteiligung ausgesprochen hätten, würden wir von uns aus nichts unternommen haben.

Was der Mitunterzeichner Ihres Briefes mit seiner Bemerkung meint, daß es längst an der Zeit sei, die Auslegung von 1.Tim. 2 zu revidieren, ist mir nicht klar. Ebensowenig wenn er fragt: ,Ob man sich dabei nicht überlegt, daß man Gott, wenn Er die Ihm zugedachten Beziehungen zu den Regierungen hätte, und Seinen heiligen Namen auch mit all der Ungerechtigkeit in Verbindung bringt?' Diese Frage scheint mir durchaus abwegig zu sein. Mir scheint, daß der Bruder und vielleicht auch Sie selbst die angeführten Bibelstellen nur oberflächlich gelesen haben.

Früher hat in Deutschland aus unserer Mitte kaum einer daran Anstoß genommen, daß wir Soldat werden mußten. Die meisten haben sogar des Königs Rock mit Freude und Stolz getragen. Heute haben uns die Feinde unseres Volkes die Wehrpflicht untersagt. Daß die Regierung unter diesen Verhältnissen jetzt andere Wege sucht und vielleicht auch die eine oder andere neue <u>Einrichtung</u> schaffen wird, braucht uns nicht sehr zu wundern. Selbstverständlich muß dem einzelnen überlassen sein, sich persönlich zu entscheiden. Wenn er glaubt, daß irgend eine Verordnung oder Einrichtung der Regierung in Widerspruch zu Gottes Wort steht, dann muß er seinem Gewissen folgen, sich aber auch darüber klar werden, welche Konsequenzen er auf sich nimmt..." Soweit die Antwort.

Am 12. November 1933 war der Tag der großen entscheidenden Wahl. Da ich mich nicht an den Wahlen beteiligt hatte, wenigstens seitdem ich die Zwitterstellung, ein entschiedener Christ und ein Deutscher zu sein, empfand, sah ich auch dieses Mal keine Veranlassung, zur Wahlurne zu gehen.

Die Partei ließ mich diesmal jedoch nicht unbehelligt. Man entsandte drei (!) Abordnungen aus dem Wahllokal. Die eine konnte ich noch abwimmeln; die zweite traf mich nicht mehr zu Hause an, da ich gerade zu einer Beerdigung ausgegangen war; und gegen 17.45 Uhr kam die dritte Abordnung in das Versammlungslokal, wo die Nachfeier stattfand, um mich eine viertel Stunde vor Schluß zur Wahlurne zu bringen.

Glücklicherweise war ich schon weggegangen, um einen alten Bruder zum Nachbarort zu begleiten. Die Parteileute waren nun sehr enttäuscht und aufgebracht; sie waren derart in Wut, daß sie beratschlagten, was sie mit mir anstellen sollten.

Die Wahl selbst war geschickt getarnt, als ob es sich nur um die Entscheidung über den angeblich notwendigen Austritt Deutschlands aus dem Völkerbund handele. Damit hatte man die Reichstagswahl gekuppelt, um eine möglichst hohe Stimmenzahl zu erreichen.

Die Frage auf dem Stimmzettel lautete:

„Bist Du, deutscher Mann, und Du, deutsche Frau, mit der Politik deiner Regierung einverstanden und bereit, sie als den Ausdruck Deiner eigenen Auffassung und Deines Willens anzuerkennen und Dich rückhaltlos zu ihr zu bekennen?"

Auf dem Stimmzettel war ein kleiner Kreis für die Weitsichtigen für das Nein, und ein großer Kreis für die Kurzsichtigen für das Ja. Die Regierung erhielt angeblich über 90% Ja-Stimmen.

Was hatte ich nun getan? Ich hatte nur etwas n i c h t getan, was die ganze Welt tat, und schon hatte ich die Meute auf dem Hals. Die Parteileute hatten sich überlegt, mich mit einem Schild auf dem Rücken durchs Dorf zu führen, um mich als Volksverräter anzuprangern. Einer jedoch, ein Schullehrer, hatte zur Vernunft geraten und zu bedenken gegeben, daß ich doch schwerkriegsbeschädigt sei. Dies könnte eine ungünstige Resonanz bei der Bevölkerung auslösen. So nahmen sie von ihrem Vorhaben Abstand, doch soll einer von ihnen gesagt haben: „Wenn er nicht schon ein Krüppel wäre, hätten wir ihn zum Krüppel geschlagen."

Wir trauten unseren Augen nicht, als am nächsten Morgen, montagfrüh, unweit unserer Wohnung an einer Scheune ein großes Plakat mit einer Karikatur und allerlei Sinnsprüchen von dem „Volksverräter" hing. Mein Bruder war darüber so erregt, daß er hinging und es kurzerhand herunterriß. Ich entgegnete ihm: „Och, was haste nun gemacht. Gönnst du mir die Ehre nicht?"

Am nächsten Morgen hing dort ein neues Plakat und ein zweites in der Dorfmitte. Letzteres war ebenfalls mit einer Karikatur und Lobsprüchen, u. a. „Woher bekommst du deine Rente?" – „Seinen Bart und seinen Verstand weiht er nicht dem Vaterland!" – „der Volksverräter"...; es hing vier Wochen dort.

Die Reaktion bei der Bevölkerung war in der Tat anders, als die SA-Leute sich gedacht hatten. Meine Frau – es waren erst 5 Wochen nach ihrem letzten Wochenbett (Helmut geb.) vergangen – war natürlich entsetzt und sagte: „Also, ich gehe vorläufig nicht auf die Straße und in den Ort!"

Als sie dann doch wieder den Mut dazu fand, kam sie ganz erfreut wieder nach Hause: „Du, die Leute sind viel freundlicher, alle sind so freundlich wie nie vorher." „Ja, " sagte ich, „das ist verständlich. Die meisten denken jedenfalls, da hat doch endlich mal einer den Mut gehabt, das zu tun, was wir alle gerne getan hätten."

Ich war froh, daß der Herr mich gewürdigt hatte, ein klein wenig Schmach für Seinen Namen auf mich zu nehmen. Ich habe, wenn auch in schwachem Maße, ähnliche Erfahrungen gemacht wie die drei Freunde Daniels. Gott bewahrte sie nicht davor, in den Feuerofen geworfen zu werden, als sie sich weigerten, das Standbild des Königs Nebukadnezars anzubeten.

Sie waren sich auch keiner Schuld bewußt; jedenfalls wollten sie ihr Gewissen rein erhalten vor Gott. Sie wurden in den Feuerofen geworfen, aber das Feuer konnte ihnen nichts anhaben.

Nur die Fesseln, mit denen die Welt sie gebunden hatte, verbrannten; sie wurden frei, entfesselt und sie fanden in dem Feuerofen die Gemeinschaft des Sohnes Gottes. Gott wurde verherrlicht, und der König und die Babylonier empfingen ein Zeugnis von der Macht des Gottes Israels.

Ja, wie gesagt, ein klein wenig habe ich die gleiche Erfahrung gemacht. Ich wurde sogar seitens der SA beehrt, daß die Formation während meines Vorübergehens – ich war auf dem Weg zur Versammlung – stillstand und Kehrtwendung zu mir machte (weil ein hoher Parteimann auf gleicher Höhe auf dem Bürgersteig entgegenkam).

Ich war der freieste Mann im ganzen Gau. Kein Mensch hat mehr etwas von mir erwartet.

Die anderen sagten immer: „Wir müssen dies und wir müssen das." Ich sagte: „Ich brauche gar nichts." Wie kostbar, wenn der Herr einem in solchen Tagen der Prüfung angesichts der Meute ins Ohr flüstert: „Glückselig Ihr Armen!" Wie Er seinen Jüngern in Lukas 6 sagt: „Freuet Euch an jenem Tage, hüpfet ...."

Etwa 7 Jahre danach, während des Krieges, kam ich in der Silvesternacht vom Besuch meiner Mutter zurück, als vor mir zwei Nachtschichtler hergingen, die sich unterhielten. Ich hörte auf einmal meinen Namen nennen: „ ... weshalb der damals diese Haltung eingenommen hat."

Ich dachte bei mir, die Predigt wirkt noch, während alle anderen Predigten vielleicht längst vergessen sind.

Sehr schmerzlich für mich war, daß meine lieben Brüder in Christo meine Haltung nicht verstanden, sondern sich darüber erregten und mich zur Rechenschaft zogen: ob ich denn meinte, als Einziger das Richtige zu tun, während alle anderen das doch vermieden hatten. Ich habe ihnen, als sie meine Erklärungen nicht beachteten, aus einigen Schriften Artikel vorgezeigt – so etwa „der Christ und die Politik" –, so daß sie schließlich nichts mehr dagegen einwenden konnten; denn im allgemeinen waren die „Botschafterartikel" von Gewicht.

***

Auf der Brüderzusammenkunft der im Dezember 1933 in Siegen stattfindenden Gebetswoche wurden durch die Fügung des Herrn aktuelle und gegenwartsnahe Schriftabschnitte betrachtet. Ein aktuelles Thema war bei den Gesprächen am Mittagstisch die Regierungsfrage, die schon während der Herbstkonferenz zur Aussprache gekommen war. Es handelte sich dabei um die Frage, wie wir uns der Regierung gegenüber verhalten sollten.

Da nämlich Gleichschaltungsabsichten bestanden, obwohl, wie bereits bemerkt, diese Befürchtungen von führenden Brüdern zerstreut worden waren, mußte erwartet werden, daß die Regierung eines Tages an uns, wie an alle Freikirchen, herantrat, wie wir in die „Liste" eingetragen zu werden wünschten.

Man hielt es deshalb für ratsam, eine Kommission von Brüdern zu wählen, die die zu erwartenden Fragen u. a. nach dem Charakter der Versammlungen, die Anzahl der Mitglieder etc. behandelten und etwaige Rundschreiben an die örtlichen Versammlungen verfaßte.

Dann ging es auch darum, Brüder zu benennen, Berliner Brüder, die den Kontakt mit den betreffenden Regierungsstellen gegebenenfalls aufnahmen. Hierfür schien an erster Stelle Bruder von Kietzell geeignet. Bei der Zusammenstellung der Kommission wurden Brüder wie Hartnack, Berning u. a. vorgeschlagen.

Als ich Bruder Menninga vorschlug, sprang dieser sofort auf: „Brüder, laßt mich da raus. Ich möchte mit dieser Sache nichts zu tun haben."

An einem Mittag waren wir mit mehreren Brüdern bei Geschwistern zu Tisch.

Ein Bruder, namens Hebrock, der als Kolporteur ging, erzählte, daß er am Vorabend bei seinem Gastgeber im Radio den „Führer" gehört habe; er schien pro-Nazi eingestellt. Beiläufig erwähnte er: „Mein Gastgeber hat mir von einem Bruder aus einem Nachbarort erzählt, der sich nicht an der Wahl beteiligt hat und dann plakatiert worden ist. Das ist mir unverständlich."

Darauf sagte ich: „Dieser Bruder bin ich." Peinliches Schweigen.

Obwohl ich Bruder Hebrock nachher in einer persönlichen Unterredung meinen Standpunkt darlegte, glaubte er mich doch noch bereden zu können. „Als Schwerkriegsbeschädigter müßten Sie doch in der NS-Kriegsbeschädigtenorganisation sein", sagte er.

„Nein", sagte ich, „das bin ich nicht."

Als er mir von seinen Erfahrungen erzählte, sagte er: „Ich kenne einen Bruder aus Süddeutschland, der auch denselben Standpunkt vertrat wie Sie und meinte, er brauche die Parteiorganisation nicht und spare lieber das Geld."

Ich entgegnete ihm: „Um das bißchen Geld geht es ja nicht, sondern um den Grundsatz – ich kann aus Gewissensgründen keiner der Organisationen der NSDAP angehören."

Bruder Hebrock fuhr fort: „Als ich den Bruder im nächsten Jahr traf, hatte er sich das doch noch überlegt und war beigetreten, woraus für ihn große Vorteile für sein Büromaschinengeschäft erwuchsen. Die Partei hat ihn mit Aufträgen bedacht."

„Ja", sagte ich, „der Fall liegt ganz ähnlich wie meiner; ich habe auch ein solches Geschäft, habe aber die gegenteilige Erfahrung gemacht, indem ich weiter die Aufträge bekomme von Leuten, die meine Überzeugung und Einstellung respektieren, so daß ich nicht nötig habe, mich in diese Organisation einzugliedern."

Bruder Hebrock ließ nicht locker, so daß ich ihm schließlich sagte: „Bruder, ich würde an Ihrer Stelle nicht für diese Gesellschaft werben, für diesen schlimmen Verein. Ich würde für den Herrn Jesus werben." –

Am nächsten Morgen traf ich mit Bruder Ernst Brockhaus zusammen. Ich frage ihn: „Warum können wir heute nicht denselben Standpunkt einnehmen wie unsere Vorväter, die doch in Erkenntnis des wahren Wesens und Charakters der Welt und der Beziehungen, die der verworfene Heiland zu diesem Weltsystem hat, eine Stellung einnahmen, die das Wort uns anweist: *‚Ihr seid nicht von der Welt'*, *‚Ihr habt kein Teil an ihren Bestrebungen und Zielen'....*"

Bruder Brockhaus antwortete gewunden: „Wir sollen aber doch der Obrigkeit untertan sein und für sie beten, wir dürfen doch nicht uninteressiert daran sein, ob sie die Macht zum Wohle des Volkes ausübt oder zum Gegenteil."

„Ja", entgegnete ich, „Ihre Einstellung zum Nationalsozialismus war aber vor Jahren entschieden kontra."

Ich hatte einen Aufsatz aus dem Jahre 1922, der ersten „Tenne", bei mir, der von ihm geschrieben worden war, worin er ernstlich vor der Hakenkreuz-Bewegung warnte:

„Das Hakenkreuz, ein im heidnischen Altertum verbreitetes, glückverheißendes Zeichen, ist in unseren Tagen des Niedergangs der Vergessenheit entrissen worden und soll jetzt dem deutschen Volk als ein Symbol zu neuem Aufstieg und Glück voranleuchten.

Viele vaterlandtreue Männer und Jünglinge haben sich unter diesem Zeichen zusammengeschlossen zu dem Zweck, eine nationale Wiedergeburt des deutschen Volkes durch Rückrufung desselben zu den Tugenden der Väter herbeizuführen.

Sie tragen das Hakenkreuz als Abzeichen deutscher Gesinnung, deutschen Fühlens, Denkens und Strebens.

Eine Angelegenheit der Politik, so mögen viele glauben, die uns Christen nicht zu beschäftigen braucht; aber so harmlos, wie dies erscheinen mag, ist die Sache nicht.

Bei näherem Einblick in diese Bewegung kommt man bald zu der Überzeugung, daß man einer neuen List des Feindes gegenübersteht, die in geschickter Anpassung an die geistigen und politischen Strömungen in unserem Volk zu einem zeitgemäßen Kampfmittel gegriffen hat, um das durch Krieg und Revolution von Gott schon so weit abgedrängte Volk völlig von dem christlichen Boden wegzuziehen.

Man schreibt die Schuld an dem Zusammenbruch Deutschlands in erster Linie dem unheilbringenden Einfluß des Judentums zu, und verbindet demzufolge mit den nationalen

Bestrebungen einen unversöhnlichen Haß gegen die Juden.

*In der sogenannten ,deutsch-völkischen Glaubensbewegung',
einer religiösen Richtung innerhalb der Hakenkreuzbewe-
gung, wendet man sich sogar ebenso scharf gegen das Christentum, dem man vorwirft, von Anbeginn an nach Form und
Wesen ,verjüdelt' zu sein, und predigt die Rückkehr zu dem
Naturglauben der alten Germanen.*

*Wie gesagt, nicht jeder Träger des Hakenkreuzes wird soweit
gehen. Mancher, der für die Sache kämpft, möchte vielleicht
auch gerne ein ,guter Streiter Jesu Christi' sein, aber er steht
in den Reihen der Feinde des Herrn und Seines göttlichen
Wortes, und das ist von überaus großem Ernst.*

*Vor mir liegt das mit einem strahlenden Hakenkreuz verse-
hene 6. Heft ,Neues Leben', aus dem ich zur Bekräftigung des
oben Gesagten einige Stellen wörtlich wiedergeben möchte. In
bezug auf das Wort des Herrn in Matth. 4, 22: ,Das Heil ist
aus den Juden', wird folgendes gesagt:*

*„Diese Stelle allein genügt, um uns das Recht zu geben,
die Bibel zu verbrennen, und uns recht zu geben, wenn
wir sagen: sie ist ein Judenbuch, ein Buch von Juden für
die Nichtjuden. ,Das Heil kommt aus den Juden'. Das
steht im Neuen Testament, in dem Buch, mit dem unsere Kinder seit alten Zeiten aufgezogen werden, das in
den Kirchen seit Jahrhunderten verkündigt wird und in
ungezählten deutschen Familien seit Urahnenzeit das
Hausfamilien- und Handbuch bildet ... Wir wiederholen, dieses Wort des N. T. allein genügt, um uns nicht nur
das Recht, sondern die Pflicht aufzuerlegen, die Bibel zu
verbrennen. Germanien soll wieder auferstehen! Fort mit
dem Judenbuch, der Bibel!"*

In einem anderen Artikel ‚War Jesus ein Jude?' heißt es:

„*Deutsche Priester, geht zu Euren deutschen Volksgenossen. Helft das aus tausend Wunden blutende, geistig und körperlich kranke deutsche Volk wieder aufrichten, daß es sich besinne auf die Quellen seiner Kraft, die ihm aus Walhall niederflossen. Dann werdet Ihr Priester im Geiste des lebendigen Jesus Christus sein, statt nur im Namen des toten!*“

Unter der Überschrift ‚Germanischer Glaube' werden folgende Ausführungen gemacht:
„*Die Christenpriester heben einen allvölkischen Gott auf den Schild und bekehren Mohren und Mongolen. Ich aber teile nicht mit gelben und kupfernen und schwarzen Horden meinen Gott. Mein Gott ist weiß und deutsch, ist mir Heerfürst und Held und Vater und Freund ...*

Die Christenpriester pflanzen ihre Lehre auf einen dunkeläugigen Gott des Morgenlandes, sie zapfen sie aus Wort und Weisheit anderer Stämme.

Unser Heiland kann nur aus deutschem Wesen steigen; unser Gott offenbart sich aus unserem Gemüt, er blüht aus unserem Blut und greift gewaltig um sich wie ein Eichbaum ...

Die Christenpriester erniedern den Menschen zum zerknirschten Sünder, schreiend um Gnade und Hilfe zu einem Gott, der außerhalb der Welt ist; Gottes Fleisch, am Marterholz zuckend, solle alle Schuld sühnen, vergangene und künftige.

Deutscher Glaube aber schaut stolz zu den Sternen, er birgt Gottes Licht in sich, er trägt selber alle Verantwortung für sich, spricht sich selber Seligkeit oder Verdammnis.“

*Das Herz des Gläubigen erzittert bei solch gotteslästerlichen
Worten. Man wagt es kaum, diese Aussprüche verblendeter
Vermessenheit wiederzugeben. Welch furchtbares Erwachen
wird folgen ... Möchte sich niemand täuschen oder betören
lassen!
Nur noch eine kurze Zeit gilt es, ,für den einmal den Heiligen
überlieferten Glauben zu kämpfen'.* "

Ich hielt Bruder Brockhaus diesen Artikel vor. „Haben Sie den
geschrieben?"

Er bekannte sich dazu, war aber jetzt der Meinung, daß die
Situation heute, nachdem jene nun an der Regierung seien, ver-
ändert sei.

Darüber kam Bruder Hebrock, der mich tags zuvor bekehren
wollte, hinzu und schwärmte weiter. Er schwärmte auch von der
Resonanz seiner Vorträge (die Kolportage war inzwischen verboten;
daraufhin hatte er sich ans Evangelisieren gegeben) und war begeis-
tert von dem Zuspruch der Parteileute, der SA, die in geschlossener
Formation gekommen seien, und von den Zeitungsartikeln.

Ich sagte: „Bruder, erschrecken Sie denn nicht über diese Resonanz bei diesen Leuten? Sehen Sie denn nicht die Gefahr, das
Evangelium der Hörerschaft anzupassen?"

Dieser Mann wurde auf der nächsten Konferenz in Schwelm
nach Hause geschickt – wegen sittlicher Verfehlung.

Die Einstellung gewisser Brüder wirft ein Schlaglicht auf die
damalige Situation. Kennzeichnend waren weiter zwei traurige Ereignisse: der Bausparkassenskandal in Berlin, unter dessen Wirkung
die Dillenburger Herbstkonferenz stand, und das Offenbarwerden
des Georg Sundermann während der Siegener Gebetswoche.

Sundermann ging als Arbeiter im Werk und wurde als Hurer
und Ehebrecher entlarvt. Die Reaktion unter den Brüdern war, daß
die einen zweifelnd fragten: „Ob der je die Wahrheit, die er gepre-

digt, verstanden und die Befreiung gekannt hat?" Andere sagten: „Ob der überhaupt Leben gehabt hat?" – Anstatt <u>sich</u> zu fragen: „Herr, was hast du <u>uns</u> zu sagen?" (Dies kam nur einmal im Gebet zum Ausdruck) – „Wo stehen **wir** und wo können **wir** hinkommen, wenn die Gnade uns nicht hält ... zu was sind **wir** fähig!" ...

Es war für mich eine betrübende und demütigende Erkenntnis, daß dieser Mann sich so lange unerkannt halten konnte und dabei als Arbeiter im Werk anerkannt war.

In Frankfurt, wo Sundermann wohnte, war allerdings ein Kreis treuer Beter, unter ihnen Bruder Edwin Seitz, der schon lange darunter gelitten und zum Herrn gerufen hatte.

*

Im Januar 1935 hatte Bruder von Kietzell, Major a. D., sein Exposé fertiggestellt und dem zuständigen Amt, wie von dort gewünscht, eingereicht. Es hatte folgenden Wortlaut:

Das Dokument fehlt (es ist durch Ausleihen nicht zurückgegeben worden.) Auszüge bei Volker Jordan in „Widerstand der Brüderbewegung im Dritten Reich", S.53-55

DER KIRCHENKAMPF

Bald nachdem die Nationalsozialisten die Macht im Staate übernommen hatten, setzte der Kirchenkampf ein. Durch das Aufwecken der vaterländischen Gefühle waren viele Christen geneigt, das Nazi-Regime zu unterstützen und zu fördern.

Dasselbe gab sich seinerseits christlich und bekannte sich zu einem positiven Christentum, wie es im Parteiprogramm hieß. Außerdem führte man oft Aussprüche des Führers über den Nutzen des Christentums an, dessen ganze Geisteshaltung in „Mein Kampf" aber eine durchaus antichristliche Geisteshaltung verriet.

Aus „Mein Kampf" ist das Antichristentum dieses *größten Befreiers der Menschheit* und seine nihilistische *erlösende Lehre* aus der Schule Machiavellis (den Friedrich I. ein Ungeheuer nannte) und Nietzsches (der im Wahnsinn endete), mit wenigen Zitaten nachweisbar:

> „*Am Ende siegt ewig nur die Sucht der Selbsterhaltung. Unter ihr schmilzt die sogenannte Humanität als Ausdruck einer Mischung von Dummheit, Feigheit und eingebildetem Besserwissen wie Schnee in der Märzensonne. Im ewigen Kampfe ist die Menschheit groß geworden – im ewigen Frieden geht sie zugrunde.*" (Seite 148)

Auf Seite 385 und 506 ist von der Unduldsamkeit und dem Fanatismus des Christentums die Rede.

„Nur aus dieser fanatischen Unduldsamkeit heraus konnte sich der apodiktische Glaube bilden. Diese Unduldsamkeit ist sogar die unbedingte Voraussetzung für ihn."

„Selbst die Religion der Liebe ist in ihrem Wirken nur ein schwacher Abglanz des Wollens ihres erhabenen Begründers; allein ihre Bedeutung liegt in der Richtung, die sie einer allgemeinen menschlichen Kultur-, Sittlichkeits- und Moralentwicklung zu geben suchte." (Seite 230)

„Die völkische Weltanschauung entspricht dem innersten Wollen der Natur, da sie jenes freie Spiel der Kräfte wieder herstellte, das zu einer dauernden gegenseitigen Höherzüchtung führen muß, bis endlich dem besten Menschentum, durch den erworbenen Besitz dieser Erde, freie Bahn gegeben wird zur Betätigung..." (Seite 422)

„Der völkischen Weltanschauung muß es im völkischen Staat endlich gelingen, jenes edlere Zeitalter herbeizuführen, in dem die Menschen ihre Sorge im Emporheben des Menschen selbst erblicken..." (Seite 494)

„Die größte Lüge ist, das Judentum sei eine Religion. Die jüdische Religionslehre... in erster Linie eine Anweisung zur Erhaltung reinen Blutes." (Seite 363)

„Wer die Hand an das höchste Ebenbild des Herrn (Arier) legt, frevelt am gütigen Schöpfer dieses Wunders und hilft mit an der Vertreibung aus dem Paradies." (Seite 421)

„Indem ich mich des Juden erwehre, kämpfe ich für das Werk des Herrn." (Seite 69)

„Was haben unsere Regierungen getan, um in dieses Volk wieder den Geist stolzer Selbstbehauptung, männlichen Trotzes und zornigen Hassen hineinzupflanzen?

... jeden einzelnen dieser Punkte (des Versailler Vertrages), dem Gehirn und der Empfindung dieses Volkes so lange einzuprägen, bis der gemeinsame Haß ein einziges Flammen-

meer geworden wäre, aus dessen Gluten dann stahlhart e i n W i l l e emporsteigt und ein Schrei sich herauspreßt: Wir wollen wieder Waffen!

... muß in dem Gehirn des kleinsten Jungen zur glühenden Bitte werden: Herr, segne unseren Kampf!" (Seite 714)

Das Bekenntnis der Partei zu einem positiven Christentum wurde allerdings später geklärt, als man offen sagte, daß die christlichen Wertungen „Liebe", „Sanftmut", „Demut" ersetzt würden durch die Begriffe „Ehre", „Heldentum", „Heroismus".

Man hielt das Christentum nützlich, soweit es dem Erreichen ihrer Zwecke dienlich war, denn sie verfolgten auf diese Weise das Ziel, die Kirchen zu vereinigen, zu verschmelzen und über ein Haupt zusammenzubringen.

Die Nationalsozialisten verstanden es, die Christen über ihre wahren Ziele und Absichten zu täuschen. Wie es möglich war, daß die Masse der Christen in Deutschland dieser Verführung und dem Verführer verfallen konnte, zeigt eben, wie sehr der Horizont vom Diesseits erfüllt war. Wenn der „Führer" durch eine autoritäre Staatsführung nur Zucht und Ordnung im Lande wieder herstellte, um zu sichern, was man vor sich gebracht hatte, dann war alles andere zweitrangig.

Es gab manche einsichtige Pfarrer, die der ungeheuren Flut und Gefahr des Bösen entgegentraten und die Täuschungen bloßlegten. Sie bekannten, daß die Kirche vergessen hat, daß sie hier in der Welt eine Hütte auf Abbruch ist, und wer der Gott und der Fürst dieser Welt ist, der diese große Versuchung ins Werk gesetzt hat.

Doch die Täuschungen des Feindes waren raffiniert und vielfältig. In den christlichen Blättern wurden allerlei Geschichten kolportiert, die eine völlige Unkenntnis der Sachlage verrieten.

So schrieb Pastor Modersohn im Januar 1934 in „Heilig dem Herrn" folgendes:

Der Führer hat gesagt, „...wenn mit unseren politischen Maß-
nahmen nicht eine religiöse Erneuerung im Volke zusammen-
geht, dann sind alle unsere politischen Maßnahmen umsonst,
wir sind nur kleine Johannesnaturen – ich warte auf den
Christus."

In der Aprilnummer desselben Blattes mußte sich Pastor
Modersohn berichtigen:

„Ich bin den Quellen nachgegangen und habe festgestellt, daß
das erste Wort nicht vom Führer stammt. Das hat der baye-
rische Kultusminister Schemm in einem Vortrag gesagt, und
zwar:
*Wenn mit unseren politischen Maßnahmen nicht eine **innere***
***Erneuerung** Hand in Hand geht, dann sind alle unsere An-*
strengungen umsonst!'
– damit meinte er selbstverständlich eine innere Erneuerung
im Sinne des Nationalsozialismus. Zu der zweiten Meldung
habe ich festgestellt, daß dieser Ausspruch tatsächlich vom
Führer stammt, und zwar in einer Unterhaltung mit seinem
Biographen Schopf unter vier Augen, wo über die Schwie-
rigkeiten und Nöte des Volkes und endlich über die letzten
Dinge gesprochen wurde (Anm.: jene hatten schließlich auch
ihre Eschatologie). Dann sei der Führer aufgeregt durch das
Zimmer geschritten und plötzlich mit eigenartigem Gesichts-
ausdruck vor ihm stehen geblieben und habe gesagt: ‚Wir sind
nur kleine Johannesnaturen, ich warte auf den Christus!'"

Soweit Modersohn.

Die wenigsten fragten danach, **welcher** Christus gemeint war.
Mir war klar, daß jener auf den starken Mann wartete, der die Auf-

gaben bewältigte, die er voraussichtlich zu seinen Lebzeiten nicht mehr lösen konnte; auf den Übermenschen, der verhieß, die Welt aus ihren Nöten zu retten.

Dem Danziger Senatspräsidenten Rauschning wurde aus persönlichen Unterredungen mit dem Führer schließlich klar, daß er einen Nihilisten vor sich hatte – und Rauschning war ein ungläubiger Mann.

Nihilisten sind Anhänger einer auf Umsturz der politischen und sozialen Verhältnisse gerichteten Theorie, die alle moralischen Gesetze leugnen. „Die Tafeln vom Berge Sinai haben ihre Gültigkeit verloren.

Das Gewissen ist eine jüdische Erfindung. Es gibt keine Wahrheit, weder im moralischen noch im wissenschaftlichen Sinne. – Jede Tat ist sinnvoll, selbst das Verbrechen. Der Ausdruck Verbrechen stammt aus einer überwundenen Welt. Es gibt positive und negative Aktivität."

Wenn man dagegen immer wieder hörte, welch ein tiefreligiöser und sogar tiefgläubiger Mann der Führer sei, der doch dem Allmächtigen die Ehre gibt … In allen christlichen Blättern wurde das Märchen kolportiert, daß eine Krankenschwester oder im anderen Falle ein Prediger den Führer gefragt habe, woher er seine Kraft nehme; der Führer ein Neues Testament (nach anderer Version: eine Losung) aus der Tasche gezogen und gesagt habe: „Daraus nehme ich meine Kraft."

Damit war die Täuschung vollendet. Daß dieses Märchen bei mir nicht ankam, habe ich auch bei der nächsten Wahl im Jahre 1934 einem Trupp SA-Leuten gegenüber zum Ausdruck gebracht, die mich zur Wahlurne schleifen wollten. Als sie mit ihren Reden zu Ende gekommen waren, trat noch der Jüngste hervor und gab sich als Christ, als „Gemeinschaftsmann" aus. Nachdem er seine Begeisterung über den tiefreligiösen Führer kundgetan hatte, berichtete er über seinen Prediger die Episode von dem Neuen Testament. Darauf habe ich gesagt: „Sagt eurem Prediger, er soll eurem Führer nicht solche Mätzchen nacherzählen; das wird er sich ganz entschieden verbitten, und auch alle überzeugten Nationalsozialisten werden sich dagegen verwahren." –

DIE „DEUTSCHEN CHRISTEN"

Die christliche Gruppe der Nationalsozialisten innerhalb der Kirche nannte sich „Deutsche Christen", welche versuchte, das nationalsozialistische Gedankengut in die Kirche zu tragen.

Sie forderten eine nationale Kirche, eine kameradschaftliche Kirche. Eine Kirche, in die nicht nur alte Weiber kämen, sondern auch mal wieder Männer; eine heldische Kirche, eine Volkskirche, eine Laienkirche, damit die Macht der Pastoren gebrochen wird, und eine volkstümliche Kirche ... wo also jeder das bekommt, was ihm gefällt – das ist Laodicäa, die Volksgerechte.

Es gab jedoch ein Aufwachen unter den entschiedenen gläubigen Christen in der Kirche, als der Anführer der „Deutschen Christen", Dr. Krause, in der Berliner Sportpalastversammlung die Katze aus dem Sack ließ und man das wahre Gesicht derselben erkennen konnte – wenigstens diejenigen, die es erkennen wollten.

Der ganze Ernst der Sache wurde allerdings nur von wenigen erfaßt, da man sonst ein Bekenntnis über die Verirrung hätte hören müssen, daß man sich überhaupt damit eingelassen hatte.

Ich habe damals nur eine Stimme gehört, die des Pfarrers Zurnieten. Er bekannte in einem Artikel „Die große Enttäuschung" in „Licht und Leben", daß doch wenig geistliches Unterscheidungsvermögen und Unterscheidung der Geister unter ihnen sei.

Wie bereits bemerkt, Nationalismus, Patriotismus, Weltförmigkeit und überhaupt eine weltliche Gesinnung gaben den Nährboden, der Verführung durch den antichristlichen Geist anheim zu fallen, so daß die Nationalsozialisten gar bald den Zugriff auf die Kirche wagen konnten.

Im Anfang suchten sie die Kirche zu stürmen, indem die SA geschlossen in die Kirche kam. Sie ließen sich ins Presbyterium wählen, die alten biederen Presbyter mußten dann abtreten. Auf diese Weise wollten sie die Kirche erobern.

Den Ausführungen in „Mein Kampf" konnte man entnehmen, daß der Führer selbst nicht glaubte, sich sobald der Kirche bemächtigen zu können. Er hatte die Vorstellung, die nächste Generation wird unser sein; in etwa 30 Jahren würde das Werk vollendet werden können, welches er begonnen habe. Er hat also selbst nicht erwartet, daß die Christen ihm sogleich an den Hals fliegen würden, und die Kirchen seinen Zwecken dienstbar gemacht werden könnten.

Nach und nach wuchs die Abneigung und der Widerstand gegen die Anstrengungen und Bestrebungen der „Deutschen Christen". Es entstand die sogenannte „Bekenntnisbewegung", deren Führung namhafte Männer der Kirche übernahmen. Es fanden große Zusammenkünfte in Westdeutschland statt, und es wurde ein Glaubensbekenntnis formuliert, worin die alten Glaubenssätze noch einmal herausgestellt wurden.

In der Schrift „Wehr und Waffe" wurden die Bekenntnisse in Form eines Gesprächs zwischen einem „Deutschen Christen" (DC) und einem „christlichen Deutschen" einmal gegenübergestellt. Ich gebe dies hier auszugsweise wieder:

Zur Bibel

DC: *Wir wollen doch die Bibel genau wie Ihr. Wir wollen aus ihr Gottes Wesen und Willen erkennen.... Die nationale Revolution entspricht doch dem Willen Gottes.*

34

CD: Was dem Willen Gottes entspricht, kann man eindeutig nur aus der Heilsgeschichte, nicht aber aus der politischen Geschichte erkennen. Innerhalb der heillosen gefallenen Menschheit hat Gott mit einem erwählten Teil der Menschheit eine Heils- und Rettungsgeschichte angefangen.

Sie beginnt mit Abraham, gipfelt in Christus und hat den neuen Himmel und die neue Erde zum Ziel, in denen Gerechtigkeit wohnt. Das ist die Heilsgeschichte.

Sie deckt sich nicht mit der politischen Geschichte Deutschlands. Sie ist in das politische Geschehen hineingewoben wie ein goldner Faden in ein Gewebe. Er kann nur mit den Augen des Glaubens erkannt werden. Nur in der Heilsgeschichte handelt Gott allein.

In der politischen Geschichte handelt der Teufel. Und das Handeln dieser beiden Gegenspieler immer säuberlich zu trennen, ist für unsere Augen unmöglich. –

Ihr seht den Unterschied zwischen Heils- und politischer Geschichte nicht deutlich. Darum werft Ihr beides durcheinander. Darum stimmt es nicht, daß Ihr allein unter der Bibel steht, die das Zeugnis der Heilsgeschichte ist. Ihr hört eben außerdem noch auf die Geschichte der deutschen politischen Gegenwart als auf eine Offenbarung Gottes. **Darum seid Ihr vom ersten reformatorischen Grundsatz „Allein die Bibel" abgewichen.**

Schöpfung und Erlösung

DC: *Ihr habt zu wenig Verständnis für den Artikel von der Schöpfung. Darum seht Ihr nicht, daß Blut und Boden, Volkstum und Rasse von Gott geschaffen sind.*

CD: Das sehen wir sehr wohl. Aber Ihr vergeßt, daß die Schöpfung unter dem Fluch der Sünde steht. Sie ist eine gefallene Schöpfung. Sie wird von Gott aus lauter Gnade noch vor der endgültigen Vernichtung bewahrt.

Sie ist gänzlich vergiftet. Sie steht unter der Tyrannei des Satans. Davon macht kein Stück der Schöpfung eine Ausnahme, auch nicht deutsches Blut und Volkstum, deutscher Boden und deutsche Rasse.

Auch sind die Völker und Rassen nicht ursprünglich Schöpfungsordnung. Von der heißt es in 1. Mose 11, 1: „Es hatte aber alle Welt einerlei Zunge und Sprache."

Die Zerspaltung des ursprünglich einen Volkes in viele Völker ist die Zornantwort Gottes auf den überheblichen Menschenversuch des babylonischen Turmbaues. Auch im vollendeten Reich Gottes haben die Völker keine Bedeutung mehr. Sie haben also nur vorläufige Bedeutung für die Zeit zwischen Sündenfall und Ende dieses Weltzustandes.

Wir sehen gewiß den Wert dieser Schöpfungsgaben.

Aber Ihr vergeßt, daß sie erst durch die Erlösung geheiligt werden...

Indem Ihr die Schöpfung so überbetont, setzt Ihr die Erlösung herab.

Die reine Lehre

DC: *Wir haben auch das Bekenntnis und die reine Lehre.*

CD: Ihr habt noch die Politik daneben als Norm der Lehre. In der Tat, das Sinnbild Eurer Ketzerei ist: Im Mittelpunkt des Kreuzes ein Zeichen der Welt! (Anm.: dieses Kreuz hat Haken)

So ist auch Eure Verkündigung: Im Mittelpunkt des Wortes Gottes das Menschenwort.

Der eigentliche Kern Eurer Lehre ist die Politik, aber nicht das Evangelium.

Eure Führer sind Irrlehrer.

DC: *Das ist eine Beleidigung. Das kannst Du nicht beweisen.*

CD: Leider haben wir es oft beweisen müssen. Ich erinnere nur an die wiederholten Äußerungen des Reichsbischofs, in denen er etwa folgende Anschauung vertritt: „Wenn ich heut sterbe, wird mich der Herrgott nicht fragen: Warst du evangelisch oder katholisch, sondern:

Warst du ein anständiger Kerl und hast du deine Pflicht getan?"

DC: *Was ist da weiter bei? ´Tue Recht und scheue niemand!` Das verstehen die Leute. Euch mit Eurem ewigem Gerede von Sünde und Gnade verstehen sie nicht.*

CD: Es kommt nicht darauf an, daß wir sagen, was die Menschen wollen, sondern das, was Gott will. Und Eure ´Theologie des anständigen Kerls` will er eben nicht.

Ihr verkennt den Ernst und die Heiligkeit Gottes.

Er legt nicht unsere, sondern Seine Maßstäbe an. Und deshalb kann auch kein Mensch vor ihm bestehen, auch die besten nicht, auch die nicht, die an Idealismus, an nationaler Gesinnung und Opferwilligkeit alle andern überragen.

„Es ist doch unser Tun umsonst auch in dem besten Leben."

Vor Gott ist keiner ein anständiger Kerl, sondern ein verlorener und verdammter Sünder.

Nur Christus kann vor ihm bestehen. Nur durch den Glauben an Ihn können wir vor Gott bestehen. Das ist die frohe Botschaft des Neuen Testaments, die „Gute Kund', *die fröhliche neue Zeitung, davon man singet, saget und fröhlich sein wird"*, wie Luther sagt.

Das ist der reformatorische Grundartikel von der Rechtfertigung des Sünders, allein aus der Gnade durch den Glauben. Von diesem Grundartikel sagt Luther, man könne von ihm nicht weichen, es falle gleich Himmel, Erde und was fallen mag.

Ihr und Eure Führer und Bischöfe weichen aber davon.

In Eurer Theologie des anständigen Kerls ist ein ganzer Rattenkönig von uralten liberalistischen Irrlehren über Gott, Christus, den sündigen Menschen und die Erlösung enthalten.

DC: *Die SA will aber nicht immer von der Sünde hören.*

CD: Es kommt vor allem auf Christus an. Ihr tut immer so, als könnten wir das Evangelium nach dem Geschmack der Menschen ändern. Es ist aber eine uns befohlene Botschaft, an der wir nichts ändern dürfen. Sie verlangt von uns, daß wir uns ändern.

Das nennt die Schrift „Buße." Und das gehört auch zu Euern Irrlehren, daß Ihr den Bußruf des Evangeliums aus Menschenfurcht und Menschengefälligkeit unterschlagt.

DC: *Die volkstümliche Sprache der Kirche ist viel wichtiger als die reine Lehre.*

CD: Das bestreiten wir. Wo wirklich der lebendige Christus von wirklichen Glaubenszeugen verkündigt wird, da kommt die volkstümliche Rede ganz von selber. Und daß wir nach wahrer Volkstümlichkeit trachten, ist selbstverständlich. Das haben wir schon getan, ehe von „Deutschen Christen" die Rede war.

Aber Ihr macht eben nicht bloß die Form, sondern auch den Inhalt der Verkündigung „volkstümlich", d. h. Ihr verwässert die Botschaft von der herrlichen Gnade Gottes in Jesus Christus, unserem Herrn, zu einer Allerweltsfrömmigkeit.

DC: *Aber wir bringen die Religion ins Volk. Wir treiben Volksmission.*

CD: Was Ihr so nennt, haben wir im Berliner Sportpalast und in der Dortmunder Westfalenhalle gemerkt. Es waren politische Radauversammlungen mit viel Hetze unter kümmerlicher religiöser Tarnung. Für Christus kommt dabei nichts heraus.

DC: *Aber wir bringen die Massen auf die Beine. Das könnt Ihr nicht.*

CD: Das ist nicht die Hauptsache, sondern die lebendige christusgläubige Gemeinde. Und die kann man nicht kommandieren. Ihr habt eben nicht die biblische und bekenntnismäßige Grundlage und darum ist Euer Werk auf Sand gebaut.

Die Gestaltung der Kirche

DC: *Die Kirche steht nicht im luftleeren Raume. Sie muß sich dem Geschehen im Volke anpassen.*

CD: Sie stammt nicht aus dieser Welt. Der Herr sagt zu ihren Gliedern: *„Ihr seid das Salz der Erde und das Licht der Welt."* Wenn sich die Kirche restlos der Welt gleichschaltet, dann wird das Salz dumm, und das Licht verlischt. Verweltlichung der Kirche ist ein Unglück für sie und die Welt.

DC: *Ihr seid gegen das Führerprinzip, darum seid Ihr Staatsfeinde.*

CD: Wir bestreiten dem Staate nicht das Führerprinzip, aber wir bestreiten, daß Staatliches auf die Kirche übertragen werden kann.

Die Kirche Christi hat eben ganz andere Gesetze als die Welt. Christus sagt über die Führung in Staat und Kirche:

„Ihr wisset, daß die weltlichen Fürsten herrschen und die Oberherren haben Gewalt. So soll es nicht sein unter Euch. Sondern so jemand will unter Euch gewaltig sein, der sei Euer Diener; und wer da will der Vornehmste sein, der sei Euer Knecht, gleichwie des Menschen Sohn nicht gekommen ist, daß er sich dienen lasse, sondern daß er diene und gebe sein Leben zu einer Erlösung für viele." (Matth. 20, 25 – 27)

„Aber Ihr sollt Euch nicht Rabbi nennen lassen, denn einer ist Euer Meister, Christus, Ihr aber seid alle Brüder." (Matth. 23, 8)

Und die grundsätzliche Verschiedenheit von Kirche und Staat stellt er ausdrücklich fest:

„Mein Reich ist nicht von dieser Welt." (Joh.18,36).

DC: *Aber einer muß doch das Kommando in der Kirche haben.*

CD: Das ist richtig. Aber das ist Christus allein. Er ist allein Herr und Führer der Kirche und kein Mensch.

DC: *Ihr wollt bloß nicht gehorchen!*

CD: Wir haben zur Genüge gezeigt, daß wir das doch wollen. Aber wir wollen nicht Irrlehrern gehorchen.

DC: *Aber es muß doch zur Einheit der Kirche kommen! Ein Volk! Ein Führer! Eine Kirche!*

CD: Diese Einheit muß im Glauben bestehen, nicht wie Ihr wollt, in der Organisation. Ihr zäumt das Pferd beim Schwanze auf, indem Ihr den Weg der gewaltsamen Vereinheitlichung geht. Die Uneinheitlichkeit im Glauben ist durch Euch noch viel schlimmer geworden.

DC: *Die Rheinisch-Westfälische Kirchenordnung, auf die Ihr Euch immer beruft, ist parlamentarisch.*

CD: Es ist richtig, daß sich mancherlei Parlamentarisches in ihr findet. Es ist hineingekommen, weil man meinte, staatliche Einrichtungen durchaus nachahmen zu müssen. Nachdem wir diesen Fehler der Vergangenheit erkannt haben, dürfen wir ihn doch heute nicht wiederholen. Das tut Ihr aber. **Jede Politisierung der Kirche ist vom Übel; gleichgültig, ob sie im Sinn der Politik von gestern oder der von heute erfolgt.** Sie trägt Wesensfremdes in die Kirche hinein.

Unchristlicher Glaube und unchristliches Leben

DC: *Es kommt auf Dogmen und Verfassung gar nicht so an. Das praktische Christentum ist die Hauptsache.*

CD: Aber das ist nicht unabhängig von der Glaubenslehre. Weil die bei Euch nicht mit der Heiligen Schrift übereinstimmt, darum stimmt auch Euer „praktisches Christentum" nicht. Wir klagen Euch der Unwahrhaftigkeit an. Ihr hört gar nicht auf unsere Einwendungen, die wir vom Glauben her erheben. Ihr verdächtigt sie als politischen Widerstand. Ihr führt den Staat und die öffentliche Meinung irre. Der Reichsbischof hat den Führer nicht zutreffend über die kirchlichen Verhältnisse unterrichtet.

Wir klagen Euch des Rechtsbruches an: Von Anfang Eurer Bewegung an habt Ihr Euch über das geltende Recht hinweggesetzt. Mit Unrecht habt Ihr die rechtmäßigen Kirchenführer verdrängt und Euch selber an Ihre Stelle gesetzt.

Christliches Bekenntnis

DC: *Was wollt Ihr nur immer mit Eurem Gerede vom Bekenntnis? Wir denken doch mit Schaudern an die Zeiten, in denen sich Lutheraner und Reformierte bekämpften.*

CD: Diese Zeiten wollen auch wir nicht wieder heraufführen. Aber der Mißbrauch hebt den rechten Gebrauch der Bekenntnisse nicht auf. Das kirchliche Bekenntnis enthält das maßgebende Schriftverständnis der Kirche. Wenn wir davon abgehen, kommen wir in heillose Willkür, wie man bei Euch sehen kann.

Ihr habt noch viel Christliches, das die „Deutsche Glaubensbewegung" über Bord geworfen hat. Aber daneben als gleichberechtigten Zusatz habt Ihr das Nichtchristliche.

Ihr habt neben der Bibel das Jahr 1933, neben der Kirche das Volk usw. Und diese Zusätze werden immer stärker werden und das Christliche verdrängen.

Gleichwie die Demokratie eine Vorfrucht der Sozialdemokratie ist, so sind die „Deutschen Christen" eine Vorfrucht der deutschen Heiden.

Die Fronten klären sich: Auf der einen Seite die christlichen Kirchen, auf der anderen Seite die deutsche Glaubensbewegung. Auf der einen Seite das Evangelium von der Menschwerdung Gottes, auf der andern das von der Gottwerdung des Menschen.

DC: *Es sind aber viel gläubige Leute bei uns, viele Gemeinschaftsleute, manche auch von der Oxford- und der Möttlinger-Gruppenbewegung, die Du doch so hoch schätzest.*

CD: Das ist richtig. Ich kann sie nur anreden wie Gretchen den Faust im Blick auf Mephisto, den Teufel: *„Ach, es tut schon lang mir weh, daß ich Dich in der Gesellschaft seh."*

Es fehlt ihnen eben an der Gabe der Geisterscheidung. Im übrigen hat Barth recht, wenn er von Euch sagt: „Es gibt da bloß Verführer und Verführte."

Daß es unter den letzteren auch gläubige Brüder und Schwestern gibt, bestreiten wir nicht. Die Scheidung der Geister geht quer durch alle Lager hindurch.

DC: *Und die vielen glänzenden Namen von Gelehrten bei uns? Da müßt Ihr schamrot werden mit Eurem Spott über unsern theologischen Dilettantismus.*

CD: Zunächst kann sich mit großer Gelehrsamkeit auch viel Strebertum und Menschenfurcht verbinden. Es ist mancher klein geworden, den wir für groß hielten.

Sodann hat sich mancher entpuppt, bei dem es schon immer nicht stimmte, wenn auch im Verborgenen. Da ist z. B. mein Lehrer, der Geheimrat Seeberg in Berlin. Der nannte seine Theologie „modern-positiv." Er wollte vermitteln zwischen dem positiven Christusglauben und der modernen Kultur. Der entdeckt jetzt bei Euch Seelenverwandtschaft. Ihr wollt vermitteln zwischen der Bibel und der Politik. Das ist sehr ähnlich. Aber vor beidem warnt Paulus:

„Ziehet nicht am fremden Joch mit Ungläubigen...
Wie stimmt Christus mit Belial?"
(2. Kor 6, 14)

Auch große Gelehrte können sagen „Christus und …" Die Kirche kann bloß sagen: „Christus allein."

Ich habe sechs Semester lang bei Seeberg im Seminar sagen gelernt: „Christus und …"

Aber ich mag nicht mehr. Ich mag auch Seeberg nicht mehr. Ich mag nur solche, von denen es heißen kann, wie von den Jüngern:

„Da sie aber ihre Augen aufhoben, sahen sie niemand, denn Jesum allein." (Matth. 17, 8)

DC: *Ihr versteht eben die große Gegenwart nicht. Wir möchten mit Hutten rufen: „O Jahrhundert, es ist eine Lust, in dir zu leben!"*

CD: Ihr seid einseitig auf die Gegenwart ausgerichtet. Das gehört zu Eurer Schwarmgeisterei. Ihr vergeßt, daß die Kirche auf das Ende aller Dinge ausgerichtet ist.

Und wir meinen ernstlich, daß es nahe herbeigekommen ist. Die Zeichen des Abfalls von Christus und der Menschenvergötterung nehmen mächtig zu. An der Kirche im Mutterlande der Reformation erfüllt sich die Weissagung der Endzeit:

„Darum wird ihnen Gott eine wirksame Kraft des Irrtums senden, daß sie glauben der Lüge."
(2. Thess. 2, 11).

Dazu kommt die große Unruhe der Völkerwelt. Der Weltkrieg ist der Anfang vom Ende. Und die Naturkatastrophen machen die Begleitmusik."

***

Die „Deutschen Christen" waren bei weitem die gefährlichste Bewegung im Innern, denn sie sagten: „Deutschsein heißt fromm sein" und behaupteten, „die nationalsozialistische Haltung des deutschen Menschen wird dem Glauben und dem deutschen Volkstum gerecht."

Jesus wird gerühmt als der Held und sein Tod als heldische Haltung. „Der Sinn des Kreuzes ist", wie ein Theologe von ihnen, Dompfarrer Dr. Wieneke, es ausdrückt „in dem Pauluswort erfüllt: „Einer trage des andern Lasten", oder um es in der Sprache unserer Zeit zu sagen: „Gemeinnutz geht vor Eigennutz."

Die Botschaft vom Lamme Gottes fehlte in ihren Worten, und sie mußte fehlen; denn sie paßt nicht zu ihrer Vorstellung von der heldischen Art des nordischen Menschen. In dem Bestreben, den deutschen Menschen zu gewinnen, wurde das Evangelium verwässert und verfälscht, dem natürlichen Menschen angepaßt und auf den deutschen Menschen zugeschnitten.

Das Wort von der Gnade wurde als ein Fremdkörper im Volk empfunden, was für die Menschen in ihrem natürlichen Denken ganz normal ist. Die „Deutschen Christen" wollten auch Kirche sein; allerdings sagte Karl Barth im Blick auf sie:

„Wir haben einen anderen Geist, einen anderen Glauben, einen anderen Gott.
Die „Deutschen Christen" sind nicht eine Richtung in der Kirche, sondern eine andere Kirche, die nicht als evangelisch im reformatorischen Sinne anzusehen ist."

Als ihre friedliche Propaganda nicht zum Ziel führte, nachdem sie sich im Berliner Sportpalast offen zu ihren Bestrebungen bekannt hatten, da war es schon schwierig geworden, noch mehr Terrain in den Kirchen zu gewinnen.

Sie versuchten es sodann mit Hilfe ihres Reichsbischofs, sich die Staatsgewalt zu Nutze zu machen. Das löste den eigentlichen Kirchenkampf aus; denn die vom Reichsbischof ausgehenden Verordnungen stürzten die alten Kirchenordnungen um, die durch neue ersetzt wurden.

Die Tolerierung aller religiösen Bekenntnisse ließen natürlich im 3. Reich alle möglichen und unmöglichen Glaubensbekenntnisse ins Kraut schießen. Innerhalb des kirchlichen Raumes waren allerlei Geister tätig: die einen vertraten die Deutschkirche, andere ein Geistchristentum.

Nur zu offenbare Christushasser ließen in ihren Verlautbarungen nichts mehr vom Christentum übrig, und die Kundgebungen strotzten von Gotteslästerungen.

Die „Deutsche Glaubensbewegung", die so auch eine neue Religion, eine Diesseitsreligion, vertrat, entfaltete propagandistisch die stärksten Kräfte, um vom Christentum loszukommen!–Offenbare Ablehnung des Christentums!

Einen Mittler, den Opfertod Christi, ein Gericht Gottes und ein Reich Gottes – das alles lehnten sie ab.

Sie glaubten an das Schicksal der Götter, die mit Welt und Mensch zusammen in das Ende eines Schöpfers stürzen und sich daraus zu einem Neuen erheben.

Sie nannten sich die Bekenner lebendigen germanisch-deutschen Glaubensgutes und erklärten, ohne den klaren Bruch mit allem Fremden, ohne Ausschließlichkeit des auf nordischem Erbgrund erwachsenen göttlichen Auftrages werde das geschaute Ziel nicht erreicht.

Sie sagten: „Wir waren Deutsche, bevor wir Christen wurden und wollen es wieder sein. Es geht um Siegfried oder Christus."

Von dieser Weltanschauung gab es keine Brücke zum persönlichen Heilsglauben. Die Anhänger aller genannten Richtungen sind völlig von Gott abgewichen; von Sünde und Gnade wußten sie nichts. Sie ersetzten alle biblischen Begriffe durch deutsche Begriffe von Ehre und von alledem, was das deutsche Wesen ausmacht.

Die „Deutsch-Gläubigen", vertreten durch Rosenberg, stellten die Forderung:

„Wir (d. i. die Nationalsozialisten) haben nicht nur das Recht, sondern auch die sittliche Pflicht, das Gegnerische – das bastardierte Christentum – geistig zu überwinden, organisatorisch verkümmern zu lassen und politisch ohnmächtig zu erhalten!"
(Wie das „geistige" Überwinden später aussah, davon reden laut Gestapo-Akten und KZ-Lager).

Gerade das, was in der Schrift als Totalitätsanspruch erhoben wird: *„Es ist in keinem andern das Heil!"* rief den Rumor der Geister wach und die Verfolgung.

Der Theologe Günter Dehn hat diesen Anspruch des Herrn und der Apostel in einer Schrift mit dem Titel „Kirche oder Sekte" klar herausgesellt. Er sagte darin:

„Kirche oder Sekte – was wollen wir sein, Kirche Jesu Christi oder Sekte?"

Er macht das an Bildern deutlich:

„Es ist nicht damit getan, sich wie in ein Schneckenhaus zurückzuziehen, in ein Museum mit einer schönen Fassade nach außen, ein museales Bekenntniszeremonial zu zelebrieren: wir fordern öffentlichkeitsbezogene Wortverkündigung, die klar erkennen läßt, was die Kirche ist ... was ihre Aufgabe ist ...".

Aber dabei hatten die Nationalsozialisten auch ihre sakrale Sprache; auch ihre Weltanschauung stellt sich als eine Religion dar.

Weiter sagte Dehn:

„Man wird nicht die Heilige Schrift verbieten, aber man wird bestrebt sein, das heiligste Glaubensgut doch dem Volk zu rauben und alles zu unterminieren.
Da wird z. B. eine neue Brücke gebaut; die einzelnen Phasen der Bauarbeit gehen unbemerkt vor sich, der Verkehr duldet keinen plötzlichen Abbruch der alten Brücke, aber über die einzelnen Phasen wird man direkt getäuscht, und endlich steht die neue Brücke da, und niemand hat es im Grunde recht gemerkt. So wird es allen denen gehen, die auf einen plötzlichen Bruch warten."

Ich weise hin auf die Studie über 1. Kön. 12 „die Sünde Jerobeams" von Paul Geyser um die Mitte des 19. Jahrhunderts. Jerobeam hatte eine eigene Staatsreligion unter den 10 Stämmen eingeführt, um sie vom wahren Gottesdienst in Jerusalem abzuhalten und ihnen einen Ersatz dafür zu bieten; er erwählte dabei nach seinem eigenen Gutdünken Priester. Dagegen ließ Gott durch den Mann Gottes aus Juda ein entschiedenes Zeugnis ablegen.

Diese Studie war nun auch sehr zeitgemäß und wurde im Druck neben anderen Predigten von ihm veröffentlicht, so auch ein Vortrag „Die Kirche bekennt vor Nebukadnezar" – Dan. 3.

***

Es gab im 3. Reich Männer, die ein klares Zeugnis gegen Abfall und Irrtum, gegen den antichristlichen Geist der neuen Religion ablegten.

Doch dünkt mich, daß dies die Stunde war, wo Gott offenbar werden ließ, wie es in Wirklichkeit innerhalb der Kirche aussah. Das Bekenntnis der Masse der bekennenden Christenheit war hohl und leer.

Der Zustand der Protestantischen Kirche in Deutschland bestätigte das Urteil über Sardes:

„Du hast den Namen, daß du lebst und bist tot ...", wo der HERR sagt: „Gedenke nun, wie du empfangen und gehört hast, und bewahre es und tue Buße. Wenn du nun nicht wachen wirst, so werde ich über dich kommen wie ein Dieb, und du wirst nicht wissen, um welche Stunde ich über dich kommen werde." (Offb. 3, 1 – 6) ... Aber du hast einige wenige Namen in Sardes, die ihre Kleider nicht besudelt haben."

Gott hat zu allen Zeiten Seine Zeugen gehabt, wie auch in den Tagen Elias:

„Ich habe mir siebentausend übrig gelassen, die ihre Knie nicht gebeugt haben vor dem Baal."

Es gab wackere Männer in der Bekenntnisbewegung, wie Pastor Humburg, der den Mut hatte,

die Vereidigung der Pimpfen, der Jüngsten in der Hitlerbewegung, auf den Führer abzulehnen.

„Das ist Knospenfrevel! Solche unmündigen Kinder zu vereidigen und an diesen Mann zu binden", rief er von der Kanzel herunter. Das blieb nicht ohne Wirkung.

Meines Wissens hat man die Vereidigung der Pimpfen nachher eingestellt.

Merkwürdig und in manchen Fällen sehr befremdend war die Einstellung außerkirchlicher Brüder, der Freikirchen und Gemeinschaften, die vielleicht auch aus Nationalgefühl den Widerstand gegen die Absichten der Nazi-Regierung mißbilligten.

Man nahm den Standpunkt ein, jene sollten sich auf die Predigt des Wortes und auf die Verkündigung des Evangeliums beschränken und sich nicht der Obrigkeit widersetzen.

Bei der Erwähnung des Namens Humburg erinnere ich mich eines Gebetes von Bruder Menninga auf der Elberfelder Frühjahrskonferenz 1934, in welchem er dem Herrn von Herzen dankte, daß Er noch über all seine Zeugen habe, und, wenn Er uns nicht gebrauchen könne, daß Er dann andere gebrauchte.

Welch ein kräftiges und klares Zeugnis hätten die Christen sein können, wenn sie verwirklicht hätten: „Sie sind nicht von der Welt, gleichwie ich nicht von der Welt bin." Wenn sie es vorgezogen hätten, Narren um Christi willen zu sein, wie Paulus im 1. Korintherbrief sagt. Er hält den Korinthern vor:

„Ihr wollt herrschen, wir wollten wohl mit euch herrschen, das heißt, wenn die Zeit gekommen wäre, wo wir herrschen werden – allein, diese Zeit ist noch nicht da. Wir sind ein Auskehricht der Welt, ein Auswurf aller bis jetzt."

So sagten sie! –

Aber wir? Wir sind anerkannt in der Welt, wir fürchten uns, als Toren betrachtet zu werden!

„Im Gegensatz zu ‚ihnen' sind wir angesehene Leute. Wir fürchten uns, mit diesem Weltsystem in Konflikt zu geraten ...", so der Schreiber des Aufsatzes „Die Welt und der Christ."

Paulus sagt in Galater 6: *„Von mir aber sei es ferne, mich zu rühmen, als nur des Kreuzes unseres Herrn Jesu Christi, durch welches mir die Welt gekreuzigt ist und ich der Welt."*

Die letzte Ursache ist also die Weltförmigkeit und die Kreuzesscheu. Bei der Frage, was der Kirche dienlicher war, die Gunst oder die Feindschaft der Machthaber, bemerkt A. Miller in seiner „Geschichte der Christlichen Kirche":

„Es ist gewiß eine große Gnade, von der weltlichen Regierung nicht belästigt zu werden, aber es ist eine noch größere Gnade, keinen Fürsten zum Gönner zu haben."

Miller belegt diese Behauptung mit zwei Blättern aus der Kirchengeschichte: Zur Zeit der Verfolgung unter Diokletian und aus der Zeit Konstantins, als das Christentum als Staatsreligion anerkannt war.

***

Ich habe zu Anfang schon einige grundsätzliche Ausführungen über die Stellung des Christen zur Obrigkeit gemacht. Es bestand in dieser Erkenntnis große Verwirrung, wie auch über die Einstellung des Christen zum Kriege. Diese war sehr unklar, weil allzu „deutsch."

Während unsere Vorväter noch in dem Sinne für die Obrigkeit beteten, daß ihr Arm stark blieb, damit Ruhe und Frieden herrschte und das Evangelium frei verkündigt werden konnte, hat die nachfolgende Generation den Schluß gezogen, daß wir, wenn wir an der Erhaltung der jeweiligen obrigkeitlichen Institutionen interessiert sind und für sie beten sollen, dann auch aktiv mitwirken sollten. Mit Begeisterung zogen dann auch viele Christen in den ersten Weltkrieg.

Als dann nach dem Krieg durch die Revolution eine sozialdemokratische Regierung ans Ruder kam, da hieß es auf einmal, „für so eine gottlose Regierung kann man doch nicht beten."

Welch ein Zwiespalt! Und, wenn während des Krieges von wahren Christen Gebete aufstiegen für den deutschen Sieg, auf der anderen Seite für den englischen oder französischen, konnte derselbe Geist diese so gegensätzlichen Bitten wirken? Wen sollte Gott erhören?

Die klarste Stellungnahme zu diesen Fragen findet sich in der Schrift „Christ und Weltkrieg" des schon erwähnten Schweizer Bruders H. Rossier. Ich wiederhole, was er sagt:

„Es gibt auf Erden keine gerechte Sache, außer der Sache Christi."

Ja, als 1933 die allerchristlichste Regierung ans Ruder kam, da konnte man wieder für die Obrigkeit beten, welche eine autoritäre Staatsführung versprach und Sicherheit, Ruhe und Wohlfahrt gewährleistete.

Wenn nun jemand, der nur Christ sein wollte, erkannte, daß er nicht den Standpunkt eines Deutschen u n d den eines Christen einnehmen konnte, dann fand er wenig Verständnis, obwohl man auch bekannte:

„Unser Bürgertum ist in den Himmeln", und:
„Wir sind Fremdlinge und Beisassen."

Fremdlinge aber sind Menschen, die inmitten eines Volkes wohnen, ohne zu ihm zu gehören.

Das Christentum ist also nicht international, wie man es von nationalsozialistischer Seite verdächtigte, sondern es ist übernational, wie es auch überkonfessionell ist.

Das Christentum ist nicht eine Religion, wie die anderen, sondern hat eine Person zum Gegenstand: C h r i s t u s !

Ich möchte an dieser Stelle noch einen Brief von J. N. Darby wiedergeben, den er an die Brüder in Frankreich richtete, als diese über die Frage der Beteiligung an der Wahl beunruhigt waren:

(Das Dokument fehlt. Vermutlich wurde es ausgeliehen.)

*

Doch zurück zur Bekenntnisbewegung.

Manche lieben, gläubigen Theologen täuschten sich trotz der Erfahrungen in dem immer schärfer werdenden Kirchenkampf über die Hintergründe und Zusammenhänge.

Anläßlich meiner Teilnahme an einer Brüderzusammenkunft in Hohegrete hielt der General-Superintendent Wearich, Münster, der ein entschieden gläubiger Mann war und eifrig das Evangelium verkündigte, einen Abendvortrag über die augenblickliche Lage.

Er stellte die Sache so dar, daß der Reichsbischof Müller dem Führer wahrscheinlich den Vorschlag gemacht habe, alle Kirchen zu vereinigen und unter einem abtrünnigen Primas auch die Katholische Kirche in Deutschland selbständig zu machen, um dann alles unter einer Führung zu vereinigen.

Wearich stellt das eben als eine Machenschaft des Reichsbischofs dar und glaubte nicht, daß das nun die Absicht des Führers sei. Ich erwiderte ihm: „Ich glaube das doch, denn nur der Wille des Führers ist, auch in diesen Dingen, maßgebend und entscheidend."

Da machte er ganz erschrocken „Schscht."

Meines Wissens war auch Wearich unter den elf Theologen, die beim Führer vorstellig geworden waren. Jenes Zusammentreffen wurde, nach dem Bericht Niemöllers, zu einer Unterredung unter vier Augen.

Als dabei der „Führer" Niemöller ziemlich rauh entgegengetreten sei und gesagt habe: „Sie sollten sich um die Seelen kümmern, aber die Sorge um das Deutsche Volk überlaßt mir!" ... habe Niemöller erwidert: „Herr Reichskanzler, keine Macht der Welt, auch die Ihre nicht, kann uns von unserem Auftrag entbinden, für das ganze Volk Sorge zu tragen."

Einige interessante Vorträge, die auf der Pastorenrüstzeit 1934 gehalten wurden, mögen ein Bild von der Einstellung gläubiger Pastoren geben, die der Bekenntnisbewegung angehörten.

Da wurde in einem Vortrag mit dem Thema „Die Bedrohung von Lehre und Ordnung in der Kirche" ausgeführt, daß die Kirche in der Welt immer die bedrohte Kirche sei. Dabei wurde die große Gefahr aufgezeigt, die darin liege, daß die Kirche nach außen hin anerkannt wird, und ihr gleichzeitig das Gift einer zunehmenden Verweltlichung in Lehre und Ordnung einzuflößen.

„Die Frage nach der Gestalt und Ordnung der Kirche wird seit Jahresfrist mit eindringlichem Ernst gestellt und erfordert eine Antwort – sie verdichtet sich zu der Versuchung, das Äußere nach dem jeweiligen Zeitgeist bestimmen zu lassen, wenn nur der Inhalt gerettet ist.

Gegen dieses Auseinanderreißen von Lehre und Leben auf der einen Seite und Gestalt und Ordnung auf der anderen Seite treten wir in die Schranke ... Wenn die Kirche der Leib Christi ist, hat sie sich ihrem Haupt in allem zu unterwerfen.

Der Geist Christi will nicht nur die Innerlichkeit, sondern jede Lebensregung in der Gemeinde Gottes gestalten. Wehe der

Kirche, wenn sie auch nur ein Lebensgebiet dem Machtbereich ihres Herrschers willkürlich entzieht. Sie öffnet damit der Welt das Einfallstor!
Macht sie in Lehre und Ordnung Zugeständnisse, dann hat sie kein Recht mehr, sich nach ihrem Herrn zu nennen. Sie wirft den Hebel weg, der allein nur zur Erneuerung der Kirche angesetzt werden kann ..." –

Man verwahrte sich dagegen, eine staatliche Notwendigkeit auf die Kirche zu übertragen. Das Führerprinzip ist nichts anderes als eine krampfhafte Nachahmung dessen, was dem Staate Recht geworden ist. Ein anderer sagte:

„Im Staat ist das Führerprinzip eine Ableitung aus der Tatsache, daß ein Mann der Führer ist. Der Kirche ist der Führer versagt, es sei denn, daß man nach Rom wallfahrtet."

Hier sei bemerkt, daß Karl Barth dazu gesagt hat: *„Das Führerprinzip in der Gemeinde Jesu ist barer Unsinn. Das muß Ereignis sein! – wie es etwa bei Luther Ereignis war."*

Es kam auch tiefe Beschämung zum Ausdruck über die zunehmende Verweltlichung der Kirche, die in ihr abschließendes Stadium getreten sei.
In einem anderen Vortrag wurde gesagt:

„Amt und Ordnung der Kirche sind an Schrift und Bekenntnis gebunden. Die Schrift ist die einzige Offenbarung und auch die einzige Lebensquelle für die Kirche, die eine heilige Kirche ist; ein auserwähltes Volk und Geschlecht, wie die Schrift sagt. Sie bezeichnet die Gläubigen als Fremdlinge und Beisassen. Die Gemeinde ist dem Namen nach nichts anderes als die

Schar der aus der Welt Herausgerufenen.

Daraus folgt zwingend, daß die Kirche Jesu Christi alle weltlichen Grundsätze als maßgeblich für ihre Ordnung ablehnen muß. Es sei das weltliche Macht- und Gewaltprinzip, das weltliche Führerprinzip oder das weltliche Wahlprinzip, das die Herrschaft des Demos oder der Masse aufrichtet.

Da in der Kirche nicht der fleischliche oder seelische Mensch, sondern der geistliche Mensch das Wort hat, so können in ihr nicht natürliche Voraussetzungen wie Blut, Rasse, Bodenverwurzelung und heldisches Seelentum den Ausschlag geben.

Alles Amt in der Kirche ist lediglich Dienst – und nur Dienst.

Einem Diener aber geziemt Gehorsam, Demut, nicht Willkür oder Herrschaft.

ER hat seinen Aposteln und Nachfolgern den Primat in der Kirche auf das ernstlichste verboten. Hypereitas nennt der Apostel die Kirchendiener, das sind untergeordnete Ruderer, die einzig auf den Schiffseigentümer sehen:

Menschen, die nicht sich und eigener Willkür, sondern einem anderen, nämlich ihrem Herrn dienen, von dessen Willen sie ganz abhängen. – 1. Kor. 4, 1.“

Zum Thema „Die Kirche unter der Verheißung“ über Offb. 3, 7 – 13 wurde vorgetragen:

„Die Kirche gehört dem Heiligen und nicht den Menschen. Wo jenes Zeugnis verstummt, daß die Kirche in ihrer Botschaft und Gestalt ihrem Herrn und nicht den Menschen untersteht, da ist die Kirche nicht mehr eine Kirche unter Verheißung.

Man denke nur an das Wort: ,Du hast eine kleine Kraft’ – je mehr die Welt in die Botschaft und in die Gestalt der Kirche eindringt, um so mehr verliert sie ihre Kraft.

Die Kraft Gottes erweist sich in der Kirche nur so wie im Leben des Herrn der Kirche;

in der Niedrigkeit Jesu in seiner Verwerfung von der Sünder Hände, in der Sterbeeinsamkeit am Kreuze, in Verkennung und Schmach, in Einsamkeit und Verlassenheit, in Demütigung und Selbstverleugnung; allein da kann sich die ,kleine Kraft' der Kirche am herrlichsten erweisen.

Die Schmach des Kreuzes Christi ist die einzige Ehre für die Kirche des Herrn, die Torheit Gottes ihre einzige Weisheit.

Einer Kirche, die Trübsal und Traurigkeit kennt, wird die Freude an ihrem Herrn die einzige Stärke.

Eine Kirche, die sich der Züchtigung des Herrn in Gericht und Buße nicht weigert, die ist der Treue und Bewahrung ihres Herrn gewiß.

Die <u>leidende</u> Kirche, die als bewährt erfunden wird, ist die <u>siegende</u> Kirche.

Eine Kirche, die die Geduld und das Ausharren des Herrn für ihre Seligkeit achtet, ist in allen Stürmen eine gerettete Kirche.

Eine Kirche, in der die Elenden Raum und Rettung finden, ist voll der Herrlichkeit Gottes, weil in ihr die Gnade triumphiert.

Soweit eine Kirche ihrem Wesen treu bleibt, in dem Wissen, daß sie nichts hat (darum alles hat, weil sie Jesum hat) — soweit und wirklich nur soweit ist die Kirche unter der Verheißung.

Lieber einsam in Wahrheit, als gemeinsam in Lüge. Sowenig der einzelne Mensch Christus mit den Lippen bekennen und im Wandel verleugnen kann, sowenig kann eine Kirche das Bekenntnis auf dem Papier gelten lassen, während sie es durch ihr Handeln verleugnet.

Wo sie es dennoch tut, verletzt sie das Wesen der Kirche und bleibt nicht mehr Kirche unter der Verheißung.

Die Gemeinde nun, die ‚das Wort seines Ausharrens bewahrt', will der Herr auch bewahren in der ‚Stunde der Versuchung, die über den ganzen Erdkreis kommen wird, um die zu versuchen, welche auf der Erde wohnen'.

Das gilt von der letzten großen Weltversuchung, von der in 2. Thess. 2, 9 + 10 die Rede ist, von der großen Trübsal, auf die der Herr in Matth. 24 hinweist, was auf die Kirche bezogen werden kann.

Es ist jener Endkampf zwischen Christus und Antichristus, der dem endgültigen Sieg der Gemeinde in der Wiederkunft ihres Herrn vorausgehen wird. Weist das Wort auch auf die Endzeit, so wissen wir doch, daß der letzten Weltversuchung besondere Versuchungszeiten der Gemeinde vorangehen werden, wie dem Erscheinen des Antichristen besonders antichristliche Krisen vorangehen.

Gott weiß, wann Zeiten notwendig sind, in denen die bekennende Gemeinde mehr durch L e i d e n als durch etwas anderes ihr Zeugnis an die Welt zu geben hat.

Unsere Natur scheut vor solchen Leiden zurück, weil es mit Schmach und nicht mit Ehre vor der Welt verbunden ist.

Die Gemeinde aber muß wissen, daß der Weg ihres Herrn auch der Weg Seiner Gemeinde ist. Es ist der Weg des Kreuzes. Die Stunde des Kreuzes für die Gemeinde ist aber immer die Stunde, in der die Liebe des gegenwärtigen Christus sich am tiefsten in der Gemeinde offenbart. Darin liegt die Kraft der Bewährung und Bewahrung, die der Gemeinde in der Stunde der Versuchung verheißen ist."

Über das letzte Sendschreiben an Laodicäa wurden in dem Vortrag „Kirche in der Versuchung" folgende Gedanken ausgesprochen, die wert sind, wiedergegeben zu werden:

„Christus macht die Gemeinde darauf aufmerksam, daß ein Widerpart auf dem Plan ist, der Satan. Es gehört zum Wesen der Versuchung und zur Arbeitsweise Satans, daß er getarnt erscheint und mit allen möglichen, dem Menschen einleuchtenden Reden versucht, eben versucht, die Gemeinde von ihrem Herrn loszubekommen. —

Worin besteht die Versuchung? Es ist die Unklarheit und Unentschiedenheit.

Es besteht ein Unterschied zwischen Gefahr und Versuchung: Wenn der Feind eine Stadt berennt, seine Kraft immerfort steigert, während in der Stadt der Widerstand erlahmt, dann ist die Gefahr des Unterliegens aufs Höchste gestiegen.

Kommt aber der Feind von außen mit Gewalt nicht zum Ziele, und fängt er an zu verhandeln, so ist die Versuchung da; die Versuchung, sich auf mittlerer Linie zu einigen zum Frieden der Verständigung.

Dann wird zugegeben, daß beide Recht und Anspruch haben.

Das ist Versuchung: retten, was zu retten ist – die Kunst des Erreichbaren, Kompromisse zu schließen, den Totalitätsanspruch Gottes im Prinzip aufgeben.

‚Ach, daß du kalt oder warm wärest!'

Wäre die Gemeinde kalt, dann wäre alles klar: dann wäre sie Missionsgebiet.

Dann würden dem Worte Gottes nicht gute und fromme Menschen entgegenstehen, sondern solche, deren steinernes Herz beim Schlage Gottes springen und splittern müßte.

‚Ach, daß du warm wärest!' Durchglüht von Gottes Geist! Die Gemeinde Gottes ist also nicht dem Geist Gottes aufgeschlossen. Wenn sie Seinem Geiste stille hielte, dann stünde es anders mit ihr. Kirche aber ohne Geist ist nicht Kirche ...

Laodicäa ist deshalb arm, weil sie sich nicht als arm erkennt.

Sie will nicht ancilla domini, Magd des Herrn, sein. Kein Wunder, daß sie der bittere Hohn der Welt trifft! Sie tut so, als ob sie eine gestaltende Macht und starker Einflußfaktor sei, und sie ist doch nicht ernst genommen und als Kirche bereits in Abgang gestellt ...

Dies – so reden als ob, so tun als ob – ist Aufplusterung, Unwahrhaftigkeit, Heuchelei!

‚Weiße Kleider zur Bedeckung der Schande und Blöße‘. Kein Wunder, daß die Kirche den frommen Menschen kultivierte und nicht die alleinige Gnade Gottes hat sehen lassen.

‚Augensalbe, daß du sehend werdest‘. Keine Illusionen nachlaufen, keinen Irrlichtern folgen. Sehen, daß der Feind in der Versuchung bereits bei m i r ist. Wir wissen es aus dem Felde: wenn vor den Linien der heranschleichende Feind durch eine Leuchtkugel erkennbar wurde, war die Gefahr schon halb gebannt.

Wenn wir sehen würden, wie nah der Feind ist, so hätte die Versuchung schon ein Stück ihrer Gefährlichkeit eingebüßt.

Er, der Herr, steht vor der Gemeinde, Er, der sie liebt – und Er ist bereit, mit einer gedemütigten Gemeinde die Gemeinschaft aufzunehmen ... bis zum Tiefsten.

Welch ein Trost, daß dieser Herr nicht erst ein Programm des Neuaufbaus der Gemeinde entfaltet, auch nicht erst wartet, bis etwa diese Gemeinde ein Idealgebilde vor den Augen der Welt geworden ist, sondern sich Ihm gibt, einfach gibt.

Hier bin ich. Hier hast du mich. Und ich habe Dich.

Das ist die stärkste Macht gegen die Versuchung. Darum soll die Gemeinde nichts anderes tun, als sich bei Ihm bergen: Ihn eingehen lassen. Er bringt den Ertrag Seines Sieges mit zu ihr hinein. So ist wieder Seine Gemeinde ganz Sein.

Die Tür zur Welt fällt zu. Sie ist ganz bei Ihm, Er ganz bei ihr. Hat Er sie doch zum Eigentum erworben.“

60

Diese Gedanken waren Glaubensgut einzelner, und sie mußten dafür einstehen.

Alle nicht angenehmen Pfarrer, besonders Bekenntnispfarrer, die so in allem Glaubensbekenntnis standen, wurden so weit wie möglich aus dem Amt entfernt, zum Teil verhaftet, und manche sogar ins Konzentrationslager gesteckt; während andere mit wehenden Fahnen ihre Gemeinschaften in das „Lager" geführt haben, so der Direktor Göbel vom Blauen Kreuz und Pastor Friedrich Heitmüller, Hamburg; letzterer hat in einer Schrift „Sieben Reden eines Christen und Nationalsozialisten" eifrig für den Nationalsozialismus geworben.

Natürlich wurde keiner wegen seines Glaubens bedrängt oder verfolgt; man sagte auch,
„Adolf Hitler habe mit allem Ernst und mehrfach seinen Willen kundgetan, *daß sich alle staatlichen und Parteiinstanzen aus dem innerkirchlichen Kampf herauszuhalten haben, und daß auch kirchliche Stellen Partei- oder Polizeihilfe nicht in Anspruch nehmen dürfen.*"

Die Gründe der Verhöre und Verhaftungen waren nur immer wegen *Widersetzlichkeit gegen die Staatsgewalt* und wegen *staatsabträglicher Haltung.* So war es zu allen Zeiten, daß die falsche Kirche sich der Staatsgewalt bediente, um die Zeugen Jesu mundtot zu machen.

Die Übertragung des weltlichen Führerprinzips auf die Kirche und die Bischofsgewalt, die von den „Deutschen Christen" und dem Reichsbischof eingesetzten Bischöfe, suchte jede biblische Verkündigung zu unterdrücken und stellte alles als *staatsabträglich* hin, was nicht nationalsozialistisches Gedankengut billigte.

Nun, <u>Anfechtung</u> lehrt auf das W o r t zu achten, und es gab in jenen Tagen wackere Männer, die treu zum Worte Gottes und zum

Evangelium standen – und die sich daraus ergebenden Konsequenzen bereitwillig auf sich nahmen.

Das NS-Regime war entschlossen, den Widerstand der Bekenntnisbewegung zu brechen. Wenn die verschärften Maßnahmen und Verordnungen nicht den gewünschten Zweck erreichten, setzte man eben die Gestapo ein und wandte brutale Gewalt an.

Davon gibt der Fall Niemöller ein Beispiel: vom Sondergericht nur zu Festungshaft verurteilt, weil ihm ehrenhafte Beweggründe zugebilligt wurden, hatte man die Strafzeit durch die Untersuchungshaft als verbüßt erklärt und seine Freilassung angeordnet.

Als der vom Gericht Freigelassene das Gerichtsgefängnis verließ, wurde er von der Gestapo verhaftet und ins Konzentrationslager überführt. Das geschah im März 1938.

BARMER ERKLÄRUNG

Die Thesen:

1. Jesus Christus spricht: Ich bin der Weg und die Wahrheit und das Leben; niemand kommt zum Vater denn durch mich. (Joh 14,6)

Wahrlich, wahrlich, ich sage euch: Wer nicht zur Tür hineingeht in den Schafstall, sondern steigt anderswo hinein, der ist ein Dieb und Räuber. Ich bin die Tür; wenn jemand durch mich hineingeht, wird er selig werden. (Joh 10,1.9)

Jesus Christus, wie er uns in der Heiligen Schrift bezeugt wird, ist das eine Wort Gottes, das wir zu hören, dem wir im Leben und im Sterben zu vertrauen und zu gehorchen haben.

Wir verwerfen die falsche Lehre, als könne und müsse die Kirche als Quelle ihrer Verkündigung außer und neben diesem einen Worte Gottes auch noch andere Ereignisse und Mächte, Gestalten und Wahrheiten als Gottes Offenbarung anerkennen.

2. Durch Gott seid ihr in Christus Jesus, der uns von Gott gemacht ist zur Weisheit und zur Gerechtigkeit und zur Heiligung und zur Erlösung. (1.Kor 1,30)

Wie Jesus Christus Gottes Zuspruch der Vergebung aller unserer Sünden ist, so und mit gleichem Ernst ist er auch Gottes kräftiger Anspruch auf unser ganzes Leben; durch ihn widerfährt uns frohe Befreiung aus den gottlosen Bindungen dieser Welt zu freiem, dankbarem Dienst an seinen Geschöpfen.

Wir verwerfen die falsche Lehre, als gebe es Bereiche unseres Lebens, in denen wir nicht Jesus Christus, sondern anderen Herren zu eigen wären, Bereiche, in denen wir nicht der Rechtfertigung und Heiligung durch ihn bedürften.

3. Laßt uns aber wahrhaftig sein in der Liebe und wachsen in allen Stücken zu dem hin, der das Haupt ist, Christus, von dem aus der ganze Leib zusammengefügt ist. (Eph 4,15.16)

Die christliche Kirche ist die Gemeinde von Brüdern, in der Jesus Christus in Wort und Sakrament durch den Heiligen Geist als der Herr gegenwärtig handelt. Sie hat mit ihrem Glauben wie mit ihrem Gehorsam, mit ihrer Botschaft wie mit ihrer Ordnung mitten in der Welt der Sünde als die Kirche der begnadigten Sünder zu bezeugen, daß sie allein sein Eigentum ist, allein von seinem Trost und von seiner Weisung in Erwartung seiner Erscheinung lebt und leben möchte.

Wir verwerfen die falsche Lehre, als dürfe die Kirche die Gestalt ihrer Botschaft und ihrer Ordnung ihrem Belieben oder dem Wechsel der jeweils herrschenden weltanschaulichen und politischen Überzeugungen überlassen.

4. Jesus Christus spricht: Ihr wißt, daß die Herrscher ihre Völker niederhalten und die Mächtigen ihnen Gewalt antun. So soll es nicht sein unter euch; sondern wer unter euch groß sein will, der sei euer Diener. (Mt 20,25.26)

Die verschiedenen Ämter in der Kirche begründen keine Herrschaft der einen über die anderen, sondern die Ausübung des der ganzen Gemeinde anvertrauten und befohlenen Dienstes.

Wir verwerfen die falsche Lehre, als könne und dürfe sich die Kirche abseits von diesem Dienst besondere, mit Herrschaftsbefugnissen ausgestattete Führer geben oder geben lassen.

5. Fürchtet Gott, ehrt den König. (1.Petr 2,17)

Die Schrift sagt uns, daß der Staat nach göttlicher Anordnung die Aufgabe hat, in der noch nicht erlösten Welt, in der auch die Kirche steht, nach dem Maß menschlicher Einsicht und menschlichen Vermögens unter Androhung und Ausübung von Gewalt für Recht und Frieden zu sorgen. Die Kirche erkennt in Dank und Ehrfurcht gegen Gott die Wohltat dieser seiner Anordnung an. Sie erinnert an Gottes Reich, an Gottes Gebot und Gerechtigkeit und damit an die Verantwortung der Regierenden und Regierten. Sie vertraut und gehorcht der Kraft des Wortes, durch das Gott alle Dinge trägt.

Wir verwerfen die falsche Lehre, als solle und könne der Staat über seinen besonderen Auftrag hinaus die einzige und totale Ordnung menschlichen Lebens werden und also auch die Bestimmung der Kirche erfüllen. Wir verwerfen die falsche Lehre, als solle und könne sich die Kirche über ihren besonderen Auftrag hinaus staatliche Art, staatliche Aufgaben und staatliche Würde aneignen und damit selbst zu einem Organ des Staates werden.

6. Jesus Christus spricht: Siehe, ich bin bei euch alle Tage bis an der Welt Ende. (Mt 28,20)

Gottes Wort ist nicht gebunden. (2.Tim 2,9) Der Auftrag der Kirche, in welchem ihre Freiheit gründet, besteht darin, an Christi Statt und also im Dienst seines eigenen Wortes und Werkes durch Predigt und Sakrament die Botschaft von der freien Gnade Gottes auszurichten an alles Volk.

Wir verwerfen die falsche Lehre, als könne die Kirche in menschlicher Selbstherrlichkeit das Wort und Werk des Herrn in den Dienst irgendwelcher eigenmächtig gewählter Wünsche, Zwecke und Pläne stellen.

Die Bekenntnissynode der Deutschen Evangelischen Kirche erklärt, daß sie in der Anerkennung dieser Wahrheiten und in der Verwerfung dieser Irrtümer die unumgängliche theologische Grundlage der Deutschen Evangelischen Kirche als eines Bundes der Bekenntniskirchen sieht. Sie fordert alle, die sich ihrer Erklärung anschließen können, auf, bei ihren kirchenpolitischen Entscheidungen dieser theologischen Erkenntnisse eingedenk zu sein. Sie bittet alle, die es angeht, in die Einheit des Glaubens, der Liebe und der Hoffnung zurückzukehren. Verbum Dei manet in aeternum.

DER NIEDERGANG
UND DIE „STÜNDCHEN"-LEUTE

Zurückkehrend zu der Geschichte der Brüder in den dreißiger Jahren ist festzustellen, daß viele der Brüder, die sich zu dem Zeugnis der letzten Tage bekannten, über die im vorigen Abschnitt geäußerten Gedanken belehrt waren.

Eine andere Frage war allerdings, inwieweit der einzelne die Wahrheit erfaßt hatte und von ihr ergriffen war; nicht nur das, sondern auch, ob er entschlossen war, den Fremdlings-Charakter in dieser Welt zu bewahren, wie Henoch, Abraham, Isaak und Jakob, von denen in Hebräer 11 bezeugt wird, daß sie nicht nur bekannten, daß sie Fremdlinge und ohne Bürgerrecht auf dieser Erde waren, sondern auch deutlich zeigten, daß sie ein Vaterland suchten.

Denn *„wenn sie an jenes gedacht hätten, von welchem sie ausgegangen waren, so hätten sie Zeit gehabt zurückzukehren. nun aber trachten sie nach einem besseren, das ist himmlischen; darum schämt sich Gott ihrer nicht, ihr Gott genannt zu werden."*

Nun geht es nicht darum, andere zu verurteilen, sondern die Grundsätze klar herauszustellen, zu denen man sich im allgemeinen bekannte, die auch in den Schriften der Brüder vertreten wurden, mit deren Verwirklichung es aber schwach bestellt war.

Allzu viele hatten die obige Einstellung als **Deutsche**, was ihnen zum Verhängnis wurde. Sie hatten den Stolz, den Königsrock getragen zu haben, noch aus der Taufe gerettet.

Während die Brüder im vorigen Jahrhundert, im Anfang ihres Zeugnisses, eine himmlische Gesinnung offenbarten und auslebten, haben die nachfolgenden Generationen äußere Wohlfahrt und das Fortkommen in der Welt ins Auge gefaßt – der Wohlstand unter den Brüdern trug zur Schwächung des Zeugnisses der Absonderung bei.

Man kann ohne Übertreibung sagen, daß der Reichtum unter den Brüdern dem Werke des Herrn mehr geschadet als Nutzen gebracht hat.

Die Geschichte der gottesfürchtigsten Könige von Juda beweist, daß Wohlstand und Erfolg zum Fall führen.

Es nimmt nicht wunder, daß angesichts der Wirtschaftskrise eine autoritäre Staatsführung herbeigewünscht, und als sie kam, begrüßt wurde; die das, was man vor sich gebracht hatte, zu sichern versprach.

Mit der Zunahme der Verweltlichung wuchsen gleichzeitig die inneren Schwierigkeiten in den Versammlungen. Die Behandlungen an sich klarer Zuchtfälle, sei es wegen sittlicher Dinge oder bei Irrlehren, gestaltete sich wegen mangelnder geistlicher Urteilsfähigkeit und Uneinigkeit immer schwieriger; in anderen Fällen wurden berechtigte Gewissensbedenken einzelner übergangen.

Auch erwies sich die Judenfrage in mancher Hinsicht als ein schwieriges Problem, wenn sie von menschlichen Gesichtspunkten aus betrachtet wurde; sie wurde wegen des mächtig aufkommenden Antisemitismus aus Furcht auch unter den Brüdern problematisch, so daß der Dienst von Brüdern jüdischer Abstammung in der Versammlung nicht mehr erwünscht war.

Man hatte den Gedanken, daß die Juden ein Fluch für die Nationen geworden seien, woher man die Berechtigung ableitete, sie gering zu achten.

Eine gründliche Untersuchung dieser Auffassung zwischen mir und einem jüdischen Bruder einerseits und Br. v. Kietzell und

Br. F. Kaupp andererseits klärte in der Auslegung der bekannten Stellen Jer. 44, 8 und Sach. 8, 13 und auch in sprachlicher Hinsicht, daß der vorherrschende Gedanke dem Worte Gottes entgegensteht.

Die Schrift sagt nirgendwo, daß Israel einer Nation zum Fluche dient, sondern sie sagt, daß die Nationen Israel verachten und es zu verderben suchen, denn es heißt: „...ein Fluch unter den Nationen."

Es führt zu weit, die interessante Korrespondenz über diesen Gegenstand hier anzufügen. Jedenfalls stellte ich klar, daß sich für Christen keine antisemitischen Gefühle geziemen.

*

Erhebliche Schwierigkeiten entstanden in den dreißiger Jahren durch den Gegensatz zwischen einem Kreis jüngerer Brüder, die sich außerhalb der Versammlungen zu dem Zwecke, systematische Schriftforschung zu treiben, zu „Stündchen" zusammenfanden. Die Führung hatte Bruder Dr. Hans Becker in Dortmund.

Dieser Kreis veranstaltete auch Tagungen auf „Hohegrete", denen ich auf Drängen einiger älterer Brüder einige Male beiwohnte. Letztere meinten, man müsse sich an Ort und Stelle einmal erkundigen, welche Tendenzen dieser Kreis der „Stündchen"– Brüder habe, um etwa einer unguten Entwicklung entgegenzutreten.

Das habe ich gelegentlich auch getan, indem ich entschieden die alten Grundsätze der Brüder, wie sie in ihren Schriften aufgezeichnet sind, vertreten habe.

Die Art und Weise der Schriftforschung sagte nicht jedem zu. So waren manche jungen Brüder anfänglich mit Eifer dabei, zogen sich aber dann später zurück. Man untersuchte systematisch die einzelnen Verse und Ausdrücke mit Hilfe von solchen, die die griechische Sprache gelernt hatten und die Septuaginta lasen.

Ich muß bekennen, daß mir diese Studien von Nutzen gewesen sind, weil ich in den Worten sah, welche Tiefen die Schrift hat.

Ich stellte dann aber auch fest, daß man sich oft unnötigerweise bei den Worten aufhielt.

Dies stellte ich den Brüdern vor und sagte: „Erst wird der Sinn des Wortes erfaßt, ehe man die Bedeutung der Worte versteht."

So etwa Hebräer 2, als man die ersten Kapitel des Briefes betrachtete. Es heißt dort:

„Darum schämt er sich nicht, sie Brüder zu nennen, wie sie alle von einem sind..."

Da riet man hin und her, was der Ausdruck ***von einem*** bedeuten könne; ob von Gott, oder von Adam, oder von Abraham.

Darauf habe ich ihnen aus der Betrachtung von J. N. Darby bezüglich dieser Stelle die Erklärung vorgelesen. Sie leuchtete Dr. Becker ein. An der Stelle handelt es sich um einen sachlichen Ausdruck, der die Herkunft auf die genannte Weise ausschließt.

Es geht um die ***eine*** neue Menschheit, die Vereinigung mit Dem, der heiligt, in der Stellung, die Er jetzt als verherrlichter Mensch einnimmt.

Aus einem Bericht einer der Söhne des Theologen Kögel, der an den Tagungen teilnahm, ersah ich später, daß man es einfach nicht verstanden hatte, daß eine Vereinigung der Söhne mit dem Sohn vor Seinem Tod und Seiner Auferstehung nicht möglich war; es handelt sich in Wirklichkeit um die Vereinigung derer, die an Seinem Auferstehungsleben teilhaben, mit Ihm vereinigt sind in der Stellung, die Er jetzt als der verherrlichte Mensch einnimmt.

Die Mehrzahl der Brüder, die im Werke des Herrn tätig waren, standen dem „Stündchen"-Kreis kritisch gegenüber. Manche waren sogar radikal ablehnend, so daß ich manchmal solchen vorgestellt habe, daß es doch normalerweise zunächst bei jedem Freude auslösen müsse, wahrzunehmen, wenn sich jüngere Brüder intensiv mit dem Studium des Wortes befaßten.

Die Gefahren, die da mitliefen, waren natürlich nicht gering und durften nicht aus dem Auge gelassen werden. Ich vermißte den Versuch, ihnen zu helfen. Man bezeichnete sie geringschätzig als „Akademikerstündchen".

Die Abneigung rührte aber vor allem daher, daß die leitenden Brüder dieses Kreises, wie z.B. ein Dr. Becker, mit hellem Geist und klarem Verstand die Praxis mit der Lehre verglichen.

Sie sahen die Abweichungen von den Grundsätzen, die man allgemein bekannte, stellten diese heraus und kritisierten zum Teil die Praxis.

Da aber jede noch so berechtigte Kritik als Angriff auf die Stellung der Brüder aufgefaßt und bewertet wurde, war die Ablehnung verständlich.

Es kam wegen der zunehmenden Spannungen zu Aussprachen, so auf der Schwelmer Konferenz im Juli 1936, wobei u.a. auch die Frage erörtert wurde, ob die Schriften der Brüder inspiriert seien. Ein alter Bruder meinte:

„Ja, nicht so wie das Wort Gottes, aber die Schreiber hätten sich doch vom Geiste Gottes leiten lassen."

Dr. Becker antwortete darauf, daß er den feinen Unterschied nicht erkennen könne.

Die Frage hatte insofern eine gewisse Berechtigung, als nicht bei den voranstehenden Brüdern, aber doch im allgemeinen bei vielen die Schriften der Brüder praktisch dem Worte Gottes gleichgesetzt wurden und im Zweifelsfalle den Ausschlag gaben.

Einige Wochen nach dieser Konferenz kam es zu einer weiteren Aussprache in Elberfeld zwischen den führenden Stündchenleuten und den Brüdern im Werk. Anwesend waren ca. 80 Brüder, u.a. O. Kunze, Menninga, E. Brockhaus, Bubenzer, Schneider, A. Schumacher, E. Berning, H. Hartnack – Kietzell, Becker, K. Koch, W. Brockhaus.

Dabei wurden schwerwiegende Fragen erörtert: So glaubte man, aus einem Rundschreiben von Dr. Becker entnehmen zu können, daß er die Vollkommenheit der Gnade bzw. die Sicherheit des Gläubigen in Frage stellte; kurz, es ging um die Frage, ob ein Gläubiger verloren gehen könne.

Man stellte ihn zur Rede. Becker sagte: *„Ein Gläubiger kann verloren gehen, ein Glaubender nicht."*

Es ginge dabei nicht darum, schwache und zaghafte Seeelen zu beunruhigen, sondern die Sicheren in ihrer Sicherheit zu erschüttern. Als Beispiel nannte er einen Fall, wo ein Bruder, der als Versammlungskind die Sonntagsschule und Versammlung besucht hatte, auch am Brotbrechen teilnahm und dann in die Nazibewegung geraten war und dabei alles über Bord geworfen hatte.

Dr. Becker führte verschiedene Stellen aus der Schrift an, die davon reden, daß solche, die glaubten, doch zurückgingen; und andere Stellen, die eben von schwachen Seelen benutzt werden, um sich einzureden, daß sie wieder verloren gehen könnten.

*

Es sei die Diskussion der fundamentalen Bedeutung wegen hier genauer wiedergegeben, da die Dinge die folgende Entwicklung beeinflußten:

Dr. Becker sprach die bekannte, bei der Betrachtung des Hebräerbriefes öfter geäußerte Meinung aus:

*„Die Schrift sagt nirgendwo, daß jemand, der geglaubt hat,
nicht verloren gehen könnte; wenn ich nicht im Glauben stehe,
nicht aus Glauben lebe (aus Glauben zu Glauben –
Röm. 1,1 – also nicht eine einmalige, sondern eine fortdauernde Sache), wenn also jemand den Glauben nicht festhält, hat
er nicht die Verheißung, ans Ziel zu kommen, die Seligkeit zu
ererben."*

Er sei gerne bereit, sich aus der Schrift eines andern belehren zu lassen.

Die nun folgende Aussprache war leider von einer, hauptsächlich auf Seiten der älteren Brüder, sich steigernden Unruhe getragen und manche ließen bei ihren Ausführungen die hier gerade so notwendige nüchterne Sachlichkeit vermissen, so daß von vorneherein die Aussichten auf eine Verständigung nicht sehr groß waren.

Becker nahm die Angriffe auf seine Person mit, ich möchte sagen, stoischer Ruhe hin.

Man führte gegen seine Auffassung die verschiedenen bekannten Stellen aus Johannes an: 2, 23-25; 3, 5 + 6; (3, 36! glaubt = gehorcht) 5, 24; 10, 28; 11, 25; 14, 17; Kap. 17 und andere Stellen; und bekundete wiederholt starkes Befremden und große Bedenken darüber, daß man trotz so vieler Stellen, die die völlige Sicherheit des Gläubigen klar beweisen, letztere doch noch in Zweifel ziehen könne.

Als Becker dann gerade anhand von Joh. 2, 23 f. (6, 66 u.a. Stellen) seine Auffassung begründete, daß viele, welche ihm geglaubt hatten (vgl. 8, 31 mit V. 59; 12, 42 + 43), zurückgingen, nicht mehr mit dem Herrn wandelten, ja, sich gegen Ihn wandten, wurde ihm erwidert: *„Da war kein wirklicher, lebendiger Glaube; es gibt eben einen wahren und einen falschen Glauben!"*

Becker antwortete: „Wo steht das?" Bruder Hartnack: „Man muß einfältig bleiben."

Bruder K. Koch erwiderte: „Jawohl, ich lese ganz einfältig in Joh. 2 etc. ...*es glaubten viele an seinen Namen...;* ich lese nur von einem Glauben."

Allen Einwendungen gegenüber hielt Becker fest: „Die Schrift kennt nur einen Glauben."

Mit Nachdruck sagte er:

„Ich kann die Meinung eines Menschen, so hoch ich die Person auch schätze als weit über mir stehend, und so sehr ich

auch ihre Meinung achte und ehre, nicht annehmen. Ich will aus der Schrift überführt sein."

Die Auffassung der jüngeren Brüder:

Die „welche die Seligkeit ererben sollen", sind solche, die Jesus angenommen haben. Es bleibt offen, ob sie wirklich innerlich erneuert sind. Vgl. Hebräer 3,6 + 14; 4,1 + 11; 10,38 + 39. Die Errettung liegt am Ende des Weges. Es ist der Vergleich mit dem Volke Israel in der Wüste. Es steht fest, daß alle, die durch Mose aus Ägypten ausgeführt worden sind, die unter der Blutbesprengung waren, durch Glauben im Roten Meer auf Mose getauft waren, aber daß kein einziger von ihnen ins Land gekommen ist, außer Josua und Kaleb. Aber es waren Menschen, die im Glauben durchs Rote Meer gingen, und doch fielen ihre Leiber in der Wüste.

Es wird weiter gezeigt, daß die, welche auf Gottes Gnade vertrauen, Josua und Kaleb, ins Land kamen. Im Hebräerbrief ist es dasselbe. Sie hatten geglaubt, hatten den Pfad betreten. Nun aber harrt aus, bis ihr in die Ruhe eingeführt werdet. Da stellt der Schreiber ihnen den Einen vor, der ausgeharrt hat. Dieses Heil, diese Seligkeit ist noch nicht da.

Und ob alle, die Jesus im Glauben angenommen haben, ans Ziel kommen, ist in Frage gestellt.

Sie sind berufen zur Errettung, andererseits steht in Zweifel, ob sie ans Ende kommen; sie haben geglaubt, sie sind gläubig, aber ihr weiterer Weg muß es ausweisen, ob sie das, was sie bekannt haben, besitzen, auch im Glauben festhalten; und wenn sie es nicht tun, dann.......

Sie müssen durch ihr Festhalten des Glaubens beweisen, ob sie gläubig sind. Diesen Boden haben wir im Hebräerbrief. Es sind solche, die einmal geglaubt haben, die angeredet werden als heilige Brüder. Genossen der himmlischen Berufung; doch im Rahmen dieses Briefes allein gesehen, bleibt für diese alle offen, ob sie das Ziel erreichen, die Seligkeit ererben. (Hebr. 1, 14: die Seligkeit ererben; 6, 12: die Verheißung ererben; 12, 17: den Segen ererben).

Bei den Hebräern handelt es sich nicht um die Frage, ob sie gläubig sind, sondern schon bei Israel war es, daß sie gläubig waren, sonst wären sie nicht ausgezogen; in der Wüste müssen sie ermahnt werden, auszuharren.

Man sagt immer, ein Gläubiger kann nicht verloren gehen, und führt als Beweis an: Joh. 3, 1+18; 5, 24. Aber es steht nirgendwo, daß man einmal geglaubt haben muß und dann wieder aufhören kann zu glauben; sondern es ist immer Gegenwartsform: wer <u>glaubt</u>, geht nicht verloren.

Im Hebräerbrief ist es dasselbe: haltet die Zuversicht, haltet den Glauben standhaft fest bis zum Ende. Auch Röm. 1, 17 sagt: „...aus Glauben zu Glauben".

Uns unterscheidet von der Masse der Christenheit nicht der Zeitpunkt der Bekehrung, sondern ob außerdem der innere Glaube mit Christus da ist. Wir sind ein Volk in der Wüste und müssen im Glauben ausharren.

Es gab eine Zeit im vorigen Jahrhundert, wo es gut war, der Gesetzlichkeit gegenüber die Freiheit in Christus darzustellen, aber es gibt auch eine Zeit, wo wir der Leichtfertigkeit begegnen müssen. Oder anders: es gab eine Zeit, Unruhige ruhig zu machen, und es gibt eine Zeit, Ruhige, Schlafende unruhig zu machen.

Die Verantwortlichkeit des Hebräerbriefes bezieht sich darauf, den Glauben nicht aufzugeben. Wir meinen oft, durch eigenes Tun unserer Verantwortung zu entsprechen.

Der Begriff Glauben: Was versteht Paulus unter Glauben? Bei ihm ist es der Gegensatz von Tun, Wirken. Der Glaube

75

ist nichts Aktives. Das Negative heißt: nichts tun wollen, ich
will nichts, ich kann nichts tun. Wenn die Galater anfangen,
ihr eigenes Zutun aufzurichten, sagt der Apostel:
Ihr seid aus der Gnade gefallen. Es ist aus Glauben, daß es
aus Gnaden sei.
Im Hebräerbrief ist es dasselbe, ihr habt geglaubt, da habt
ihr nicht gewollt, sondern eure Hoffnung auf Jesum gesetzt;
fangt nicht an, <u>das</u> zu tun, <u>dies</u> zu lassen; glaubt nicht, im
eigenen Weg weitergehen zu können, haltet den Glauben fest.
Es ist dasselbe, was Paulus sagt und was der Schreiber dieses
Briefes sagt.
Wer das nicht tut, hat nicht die Verheißung, ans Ziel zu kom-
men, er hat nicht die Verheißung des ewigen Lebens; und hier
die Hebräer haben nicht die Verheißung, ins ewige Leben,
d.h. in die Ruhe einzugehen.

Wenn ihr euch bekehrt habt und haltet den Glauben nicht fest,
geht ihr verloren.

In Lukas 15 der verlorene Sohn sagt: ich will mich aufma-
chen. Wenn er nun auf halbem Wege wieder zurückging, dann
hatte er sich bekehrt, aber er wäre wieder umgekehrt und ginge
verloren. Erst wenn er beim Vater angelangt ist, kann er nicht
wieder umkehren.
Kann ein Gläubiger verloren gehen? Ja und Nein. Wir können
nur urteilen nach dem, was uns jemand sagt; wir können nicht
beurteilen, ob Gott sein Siegel auf ihn gedrückt hat.
Dieses Siegel ist der Geist Gottes.

Wenn nun die Jüngeren nicht weitergegangen, d.h. bei der oben
skizzierten Auffassung geblieben wären, dann wäre vielleicht eine Verständigung möglich gewesen oder ein Ausgleich gefunden worden.

Ich selbst hatte wenigstens bei dieser Besprechung eine Klarstellung der Lehre der Verantwortlichkeit des Gläubigen erhofft, oder doch eine fruchtbare Aussprache über den Unterschied zwischen dem, was die Schrift darüber lehrt, und was manche Brüder darüber lehrten.

Wodurch wurden denn diese Fragen ausgelöst? Viele, allzu viele hatten sich daran gewöhnt, die ernsten, die Verantwortlichkeit des Gläubigen betreffenden Schriftstellen von sich, von ihrem eigenen Gewissen abzuwenden, indem sie solche Worte wie Gal. 5, 21; Eph. 5, 5 usw. einfach in eine selbsterfundene, nicht schriftgemäße Rubrik „falscher Glaube", „bloße Bekenner" etc. bringen.

Die angeführten Stellen aus dem Hebräerbrief, sowie die vielen Stellen im Korintherbrief verlieren ihre Kraft und Schärfe für das Gewissen des Gläubigen, sobald man die Frage hineinbringt: das kann sich doch nur an Ungläubige richten.

Das ist m. E. immer ein Versuch – vielleicht unbewußt –, dem zweischneidigen Schwert die auf das eigene Gewissen gerichtete Spitze abzubrechen, also das Wort abzuschwächen.

Ich habe auch lange über diese Fragen nachgedacht und Klarheit gesucht, bis mir die letzten Schwierigkeiten schwanden beim Lesen der Betrachtung von H. Rossier über 1. Kor. 6, 1 – 9 (Botsch. 1932).

Diese Ausführungen sind so klar wie nur möglich und zeigen, daß es eine Hilfsquelle – die *Gnade*, ohne die keiner von uns existieren kann und das Ziel erreichen würde – für uns gibt; selbst wenn unser <u>Tun</u> uns keine Hoffnung mehr läßt, dem Gericht Gottes zu entrinnen!

Sie zeigen aber auch, wie ernst es ist, von Gnade zu reden, wo wir von Buße und Gericht reden müßten!

Wie sehr ist darin gefehlt worden und wie verhängnisvoll hat sich die <u>falsche Anwendung</u> des Grundsatzes der Gnade unter den Brüdern ausgewirkt – in der Einschläferung der Gewissen.Es wurde wohl – um zum Gang der Besprechung zurückzukehren – gesagt, daß die Verantwortlichkeit nicht genügend betont worden wäre und dies mehr geschehen müsse, aber das genügt nicht.

Aber nun zog Bruder Becker im weiteren Verlauf bedauerlicherweise den unerhörten Schluß: daß jemand, der wirklich durch den Glauben an Christus Leben hat, dessen wieder verlustig gehen kann, wenn er den Glauben aufgibt.

Bei den nun folgenden Erörterungen über die Frage des Lebens äußerte er die Meinung, Adam habe doch auch dieses Leben gehabt und habe es beim Sündenfall wieder verloren.

Bruder Koch stellte auf die Gegenreden die Frage: „Seit wann ist der Mensch *tot in Sünden und Vergehungen?*" (Eph. 2, 1 + 5).

Bruder Menninga gab sich Mühe, sie von der Unhaltbarkeit dieser These zu überzeugen, glaubte aber auch, seine große Sorge und ernsten Bedenken Becker gegenüber nochmals ausdrücken zu müssen, und empfahl ihm mehr Augensalbe...

Bei dieser Auseinandersetzung fielen Zwischenrufe, wie „Spekulation!" Im übrigen machten einige ältere Brüder ihrer Erregung in Gefühlsausbrüchen Luft, was zwar begreiflich war, wenn man daran denkt, wie solche Folgerungen wirken mußten, aber es wurde damit natürlich nichts zur sachlichen Überführung der „Dortmunder" beigetragen. Die letzte Möglichkeit schien den meisten geschwunden zu sein.

Dann stand Bruder v. Kietzell – das erste Mal – auf, um seinem beschwerten Herzen Luft zu machen: er sei eigens zu dieser Aussprache von Berlin gekommen – mit Befürchtungen, aber seine schlimmsten Befürchtungen seien übertroffen; er hatte sich wohl eine sachliche Besprechung – aufgrund des in Schwelm zugesicherten Vertrauens – anders vorgestellt, beklagte die Unsachlichkeit und vor allem diese Diffamierung seines Freundes Becker; die letztgenannten Gedanken betreff des Lebens habe er, wie er sagte, jetzt zum ersten Mal aus Beckers Mund gehört...

Unter dem deprimierenden Eindruck von Anklagen und gegenseitigen Vorwürfen zog sich die Besprechung bis zum Abend hin.

Auf die Bemerkungen über die „bloßen Bekenner" wollte ich etwas erwidern, stand auf, mußte mich aber wieder setzen. Die Ruhe war längst hin. Beim Abschied von Bruder Becker fragte er mich, was ich dazu sage. Ich habe darauf nur erwidert. „Sie versuchen zwei Dinge zusammen zu bringen, die sich in unserem kleinen Hirn noch nicht vereinigen lassen. Sie suchen hier schon die Schnittpunkte zweier nebeneinander her laufenden Linien, die Sie erst in der Ewigkeit finden werden. Geben Sie das auf."

Ich schrieb ihm von zuhause folgenden Brief:

„Ich habe versucht, Ihren Gedankengängen zu folgen, und glaube zu verstehen, was Sie veranlaßt, den die Verantwortlichkeit des Gläubigen betreffenden Fragenkomplex bis zu dieser letzten ernsten Schlußfolgerung durchzudenken. — Es ist in der Tat sehr beängstigend, wahrzunehmen, wie wenige mit der schriftgemäßen Lehre von der Verantwortlichkeit des Christen genügend bekannt sind, um das Wort der Wahrheit recht teilen zu können, d.h. in gerader Richtung zu schneiden. Manche, die sich des Mangels in dieser Hinsicht bewußt sind und ihn durch „Ermahnungen" zu ersetzen suchen, erkennen nicht, daß die Ermahnung nur wirksam werden kann, wenn die Lehre bekannt ist.
Man kann Stellen wie 1.Kor.6,8 u.9; Gal.5,21; Eph.5,5 erklären, ohne irgendwie anzustoßen; sobald man sie <u>anwendet auf das Gewissen des Gläubigen, jedes</u> *Bekenners, dann regt sich sofort der Widerspruch, weil man darin eine Abschwächung der Vollkommenheit der Gnade erblickt... .*
Auch die Weltlichkeit unter uns hat darin ihre tiefste Wurzel. Ich kann alle Stellen anführen, die von der Absonderung re-

den und volle Zustimmung finden; wenn ich sie aber anwende und sage: das ist die Welt, die meinen Herrn haßt, die Ihm das Kreuz anwies, deren Fürst und Gott Satan ist – dann höre ich sofort Einwände: „Ja, aber... du gehst zu weit, wir sind doch noch in der Welt..." –

Natürlich. Doch wozu? (2.Kor.5,15)

Und in der Welt zu sein als solche, die nicht zu ihr gehören; als solche, die berufen sind „aus ihrer Mitte auszugehen", während sie noch in ihr sind

(2.Kor. 6,17) – das ist die Sache. Es ist so, wie jemand gesagt hat: „Wir sind geneigt, bekannte, praktische Wahrheiten mit einer gewissen Kälte und Gleichgültigkeit anzuhören, während wir einer Unterredung über gewisse Lehrpunkte interessanter Fragen und dergleichen viel mehr Interesse entgegenbringen."

Warum?

Weil letzteres geschehen kann in Verbindung mit Weltsinn und anderem ungerichtetem Bösen, während die praktischen Grundsätze der Wahrheit uns verurteilen und zum Selbstgericht anleiten.

Ist das nicht etwas von dem Sauerteig der Pharisäer, welcher Heuchelei ist?

Doch wenn ich auch alle Ursachen des großen Verfalls klarlegen und den Grad des Abweichens genau bestimmen könnte, das alles kann mich nicht verleiten, Schlüsse zu ziehen oder anzuerkennen, welche außerhalb der Schrift liegen.

Wenn ich Sie und Bruder Koch richtig verstanden habe, dann äußerten Sie die Meinung, daß Adam vor dem Sündenfall dasselbe Leben gehabt habe, was wir durch die Gnade im Glauben an den Namen des Sohnes Gottes empfangen haben, und daß er dies durch seine Übertretung verloren habe; dieses ewige Leben sei durch das Evangelium wieder ans Licht gebracht worden.

Und ferner: Es bestehe die Möglichkeit, das im Sohne empfangene Leben wieder zu verlieren. Sie beschränkten allerdings diese Möglichkeit auf den Fall, daß jemand abfalle und sich von Christus lossage.

Ich bin nicht imstande, auf die letzten Fragen bezüglich des Lebens des ersten Adams Antwort zu geben – ich müßte dann schon erklären können, was „Leben" und was „ewiges Leben" ist.

Aber der Unterschied zwischen dem Leben des ersten Adam und dem Leben des letzten Adam ist nach meiner festen Überzeugung so unendlich groß wie der zwischen dem ersten und dem zweiten Menschen überhaupt, so daß ich schon gewaltig nivellieren müßte, wollte ich diese Gleichstellung annehmen. (vgl. Joh. 3, 31; 1. Kor. 15, 47)

Ob Sie und Bruder Koch diesen himmelweiten Unterschied in Ihren Gedanken genügend erwogen haben?

Ähnlich verhält es sich nach meinem Empfinden hinsichtlich der in Hohegrete bei der Betrachtung von Hebräer 2 geäußerten Meinung:

Adam habe durch Leiden zur Herrlichkeit (Herrschaft über den zukünftigen Erdkreis) gelangen können, wenn er nicht in der Versuchung gefallen wäre; eine Hypothese, die mir ebenso haltlos erscheint wie die betreff des Lebens Adams.

Beides kommt mir vor wie ein Versuch, den oben bezeichneten Unterschied zu verwischen, indem man dem ersten Menschen – dem vom Staube – einen höheren Platz gibt als ihm zukommt, wie es in gewissen theologischen Studien, z.B. in „Der Sohn und die Söhne" von Kögel, dargestellt wird.

In beiden Fällen hätte Christus, der Mensch der Ratschlüsse Gottes, nur das zurückgewonnen, was der erste Mensch nun eben einmal verloren hat, während ich glaube, daß Er durch Seinen Tod und Seine Auferstehung dem Menschen eine viel höhere Segnung und Herrschaftsstellung erworben hat, als er in einer Ewigkeit adamitischer Unschuld je hätte erlangen können.

Was macht den Herrn Jesus größer in unseren Augen? Es fällt mir schwer anzunehmen, daß Sie das nicht unterscheiden: Das Leben der Seele auf dem Boden der alten Schöpfung sowie die Unsterblichkeit derselben – und die Gnadengabe Gottes, welche „ewiges Leben ist in Christus Jesus"...

Ich fürchte mich davor, verstandesmäßige Konsequenzen zu ziehen, die über das in der Schrift Geoffenbarte hinausgehen; ich möchte ängstlich die Linien der Schrift einhalten. Die Schrift vom Bruder Humburg „Ewige Erwählung", die solche Gefahrenpunkte zeigt, ist mir zum Segen und zum Verständnis der Vereinbarkeit beider Grundsätze der Wahrheit – Gnade und Verantwortlichkeit – dienlich gewesen. Auch die Ausführungen von H. R. über 1. Kor. 6, 7–9 sind so klar wie möglich und erscheinen mir sehr wertvoll zur Klarstellung der Frage, die in Elberfeld hätte besprochen werden sollen: Was lehrt die Schrift über die Verantwortlichkeit des Christen und was lehren die Brüder darüber?

Ich hatte, offen gestanden, von der Besprechung in Elberfeld eine fruchtbare Aussprache über diese Punkte erhofft. Denn es sind doch, Gott sei Dank, noch eine Anzahl Brüder da, die das eingangs Gesagte ebenso sehen und empfinden, und die darüber eine gesunde Kritik begrüßen würden.

Und nun diese Enttäuschung, zu der Sie wesentlich beigetragen haben.

Mir war mehr als elend zumute. Je mehr ich über den Ausgang nachdenke, um so unbegreiflicher ist mir, wie Sie solche unfertigen Gedanken in die Erörterung bringen konnten. Sie mußten sich doch vorher über deren Wirkung bei den Brüdern klar sein. Wenn ich das bedenke, dann frage ich mich: Was soll damit bezweckt werden?

Dem Wohl des Ganzen wird mit diesem Wortstreit bestimmt nicht gedient; ebenso wenig natürlich mit unsachlicher Polemik gegen solche Auffassung, wie Sie sie vorbrachten. Auf diesem Wege geht das Zeugnis der Brüder ganz in Trümmer, und das Gericht, das schon im Zuge ist, wird uns treffen. Es kann nur aufgehalten werden durch gemeinsame aufrichtige Beugung und Buße, und das Zeugnis nur aufrechterhalten werden durch Verwirklichung der Wahrheit in persönlicher Treue...".

Es muß gesagt werden, daß schon lange Zeit die Lehre von der Gnade zu einseitig herausgestellt und betont wurde, und mit mir waren noch andere Brüder überzeugt, daß das wesentlich zur Einschläferung der Gewissen und zu dem Niedergang beigetragen hat.

Schon bei der Nachfeier am Tage der Beerdigung von Bruder Rudolf Brockhaus im September 1932 wurde von einem süddeutschen Bruder ein kleiner Aufsatz von J. N. Darby vorgetragen über den heute so nötigen prophetischen Dienst, die Wahrheit den Gewissen nahe zu bringen.

Die „Stündchen" mit Dr. Becker nahmen einen Charakter an, der immer mehr junge Brüder unbefriedigt ließ. So schrieb Bruder Gerhard Löwen auf seine Teilnahme der Zusammenkunft am Buß- und Bettag 1936 in Essen-Borbeck einen „Offenen Brief", der einen Sturm seitens einiger „Stündchen"-Leute auslöste. Bruder Löwen machte seinem Herzen Luft, indem er schrieb:

Wenn ich meine Eindrücke von der Zusammenkunft überdenke, so muß ich leider sagen, daß diese etwas gemischter Natur sind. Da ein gleiches Unbefriedigtsein bisher schon manchmal von Zusammenkünften in größerem Stündchen-Kreise, sei es in Dortmund oder auf der Hohegrete, zurückblieb und mir gleiches oder ähnliches auch von mehreren anderen Brüdern gesagt wurde, drängt es mich, meine Gedanken einmal offen auszusprechen...

Ich habe seit Jahren mit ständig wachsender Anteilnahme die Entwicklung verfolgt, habe manchem Stündchen in Duisburg, Dortmund etc. beigewohnt; bin auch von Anfang an aktiver Teilnehmer in unserem Elberfelder Stündchen und darf, wie es von manchem Bruder gestern in Borbeck bezeugt wurde, auch von mir bezeugen, daß ich reichen inneren Gewinn davon gehabt habe; und wer wollte es uns und wer allen Brüdern, denen es ähnlich ergeht, verargen, daß wir von diesen Zusammenkünften und diesem gemeinsamen Forschen im Wort nicht zu lassen gewillt sind...

Nun beschäftigt uns schon lange die Frage: Wie kommt es, daß die Stündchen solch einen Widerstand finden? Gegen ein Erforschen der Schrift wird doch ganz gewiß niemand etwas sagen wollen, und wenn jemand bei ernstem Forschen und Nachsinnen unter Gebet über die ein oder andere Stelle zu einer von der herkömmlichen abweichenden Auffassung kommt, so kann dieses doch unmöglich ein Grund zu Mißtrauen oder Ablehnung eines solchen Bruders oder ganzer Brüderkreise sein.

Oder sind die Meinungen, die seit 80 Jahren gelehrt werden und in Betrachtungen und Schriften niedergelegt sind, inzwischen zum Dogma geworden? Das würde ja bedeuten, daß diesen Schriften der gleiche Wert beigemessen wird wie dem göttlichen Wort selbst, das allein die Wahrheit ist...

Wenn nun eine Kluft entstanden ist zwischen solchen, die einmütig eines Sinnes sein sollten, ist es das aber das Richtige, daß wir uns voneinander zurückziehen, daß wir Fronten gegeneinander abstecken, daß wir sagen: „Wir können in der Sache nichts mehr tun. Die Mißverständnisse sind so groß und schon so weit gediehen, daß wir den anderen die Hand nicht mehr hinreichen können zur gemeinsamen Arbeit, zum höheren Ziele hin?"

Ist es an der Zeit, Rechenschaftsbericht zu geben zur Rechtfertigung des eigenen Tuns, oder ist es nicht vielmehr an der Zeit, daß alle zusammen sich beugen und sich tief darüber demütigen, daß eine solche Kluft überhaupt entstehen konnte? ...

Ich meine, Buße zu tun wäre in erster Linie die Aufgabe der gestrigen Zusammenkunft gewesen...

Es wird der Stündchenbewegung vorgeworfen, daß sie nach neuen Erkenntnissen suche und daß sie zu theologisch vorgehe. Ich glaube, beide Vorwürfe tragen einen Kern der Wahrheit in sich. Die Erkenntnis in göttliche Wahrheit wird nun einmal nicht mit dem Kopfe erworben und läßt sich nicht mit dem Verstand erarbeiten, sondern nur auf den Knien unter Gebet erringen. Es kommt nicht darauf an, die Meinungen der Schreiber aller christlichen Bewegungen zu kennen, noch viel weniger die der wissenschaftlichen Theologen älterer und neuerer Zeit, die nur zu oft nicht vom Geiste Gottes erleuchtet und leider häufig nicht einmal Kinder Gottes waren; so daß ihre manchmal irrigen und halbwahren Meinungen zur Anstiftung von Verwirrung führten.

Ebenso wenig ist es nach meiner Ansicht eine Hauptsache, den Urtext mit allen textkritischen Fragen im größeren Kreise zu erforschen und dazu sämtliche Bibelübersetzungen zu Rate zu ziehen. Dies mag einzelnen überlassen bleiben, die sich besonders dazu gedrungen fühlen.

Wenn gestern, wie schon manches Mal, betont wurde, daß diese Art der Schriftforschung die Forderung der Stunde sei, so kann ich dem für Zusammenkünfte im größeren Kreise nicht zustimmen und verstehe gut, wenn dies bei den älteren Brüdern Befremden oder gar Ablehnung hervorruft..."

Bruder Löwen hatte diesen „Offenen Brief" auch an Dr. Becker gesandt und ihn in einem besonderen Anschreiben gebeten, ihm auf seine Ausführungen zu antworten.

Dr. Becker antwortete:

„...Ich habe Verständnis dafür, daß Sie zögern, diese Frage (ob die Meinungen, die seit 80 Jahren gelehrt werden und in Betrachtungen niedergelegt sind, inzwischen zum Dogma geworden sind) mit „ja" zu beantworten; denn bis vor einigen Monaten haben wir uns gegen diese Antwort auch noch gesträubt, trotzdem wir seit längerer Zeit durch die Tatsachen auf sie gestoßen wurden.

Es ist noch eine andere Antwort möglich, und gegen die sträube ich mich heute noch, daß nämlich die Brüder deswegen die „Stündchen" nicht wollen, weil vermeintlich ihre Stellung als Lehrer dadurch erschüttert wird. Eine dritte Antwort sehe ich nicht...

Wenn Sie nun einmal unterstellen, daß wir den Grund des Widerstandes der Brüder etwas klarer gesehen haben als Sie und im Recht sind mit unserer Ansicht, daß die Brüder ihre Auslegungen zu Dogmen gemacht haben, dann sind wir uns über die sich daraus ergebende Verpflichtung zu unserem Handeln sofort einig.

Wehren sich die Brüder wirklich deswegen gegen die „Stündchen", weil man dort die Glaubenslehrsätze der Brüder nicht ohne weiteres gläubig anerkennt, sondern ihre Richtigkeit anhand der Schrift prüft, so liegt in dieser Abwehr der Brüder ein so schriftwidriges Verhalten, daß man sich versündigen würde, wenn man diese Tatsache nur zur Kenntnis nähme und sie nicht unverblümt und laut aussprüche.

Denn diese Einstellung der Brüder hat eine kirchengeschicht-

liche Parallele nur in der katholischen Kirche. Dort verlangt man Unterwerfung unter ein kirchliches Dogma lediglich aus dem Grund, weil es eben als Dogma von der Kirche angenommen ist...

Während wir im ersten Teil Ihres „Offenen Briefes" im großen und ganzen einer Meinung sind, unterscheiden wir uns im zweiten wesentlich...

Wenn ich recht verstehe, so lehnen Sie es nicht grundsätzlich ab, überhaupt die Meinung von Schriftauslegern zu Rate zu ziehen, sondern wollen sich an einem oder wenigen genügen lassen. Sie müssen sich dabei nur darüber klar sein, daß Sie bei dieser Methode sehr wohl die richtige Auslegung finden können, mit größerer Wahrscheinlichkeit aber die falsche.

Denn naturgemäß werden Sie mit Vorliebe solche Ausleger zu Rate ziehen, die Ihnen am meisten liegen, weil sie die gleichen Grundanschauungen wie Sie haben. Ihr Forschen ist damit aber kein Suchen nach der Wahrheit, sondern ein Suchen nach Stützen für Ihre schon vorher feststehende Auffassung.

Es kann nicht bezweifelt werden, daß es die richtige Stellung gegenüber der Schrift ist, ihr ganz ohne eigene Meinung gegenüberzutreten...

Wir kennen nur die Auslegungen unserer Brüder, leben in dieser Beziehung wie Menschen, die in einem engen Raum eingeschlossen, ihren eigenen Atem immer wieder einatmen.

Was Gott außerhalb unseres engen Kreises in den letzten Jahrzehnten gewirkt hat, wissen wir nicht. Nur deshalb halten wir die bei uns bekannten Schriftauslegungen für die letzte Erkenntnis, ihre Schreiber für unübertroffen.

Jeder, der einmal hinaustritt in die frische Luft, die draußen weht, wo der Geist Gottes auch heute noch in Kraft in gottesfürchtigen Männern wirkt, kann nur herzliches Mitleid haben mit allen, die sie nicht atmen.

Allerdings ist der Wind oft reichlich windig, er reißt uns leicht den Parteihut vom Kopfe und den hohen Stehkragen, der uns bisher zwang, die Nase recht hoch zu tragen. Und wer sich bisher als Hüter der Wahrheit vorkam, der wird sehr schnell klein und kleiner.

Aber jetzt Hand aufs Herz, lieber Freund, das ist es, was wir nicht wollen. Wir meinen, es sei unsere von Gott gegebene Aufgabe, die außerhalb von unserem Kreise stehenden Gläubigen zu belehren. Da dürfen wir doch beileibe nicht zugeben, daß unsere Schüler uns auch was zu sagen hätten. Deshalb fragen wir sie lieber gar nicht erst. Wenn uns aber doch hier und da eine Auffassung eines Theologen in unseren eigenen Kreisen zu Ohren kommt, dann ist sie falsch, weil sie „Verwirrung" anrichtet.

Verwirrung richtet sie aber bloß deswegen an, weil wir uns nicht mit ihr positiv oder negativ auseinandersetzen können. Und dieses Nichtkönnen, das wollen wir nicht eingestehen – denn wir sind ja die Lehrer aller Gläubigen und würden unserer Würde etwas vergeben, wenn wir zugeben würden, daß wir nur halb oder gar viertels Gebildete in der Schrift sind.

Aber selbst, wenn wir das anerkennen müssen, dann haben wir noch eine rettende Planke, auf die wir uns schwingen, und das ist die Erleuchtung durch den Heiligen Geist. Um die Person und die Wirkung des Geistes Gottes ist es ohne Zweifel etwas Großes und Geheimnisvolles.

Um so bedauerlicher ist es, wenn sie auf das Niveau unserer plattesten Menschheit herabgezogen wird. Und das geschieht bei uns leider im weitesten Maße.

Der Geist Gottes soll nämlich nur den Mangel an natürlicher Begabung ersetzen, die Gott uns versagt hat; er soll sogar Diener unserer Faulheit sein.

Die Abneigung vor der geistigen Anstrengung, bei der syste-

matischen Erforschung der Schrift wird vertuscht durch eine Berufung auf den Geist Gottes..."

***

In der Gebetswoche im Dezember 1936 in Siegen hatte wohl die Spannung ihren Höhepunkt erreicht. Einige Brüder, so Bruder F. Brockhaus, versuchten zu klären und zu vermitteln, die alten Brüder zur Nachsicht zu bewegen.

Ein anderer, der auch für weitere Verständigungsversuche eintrat, sah sich hilfesuchend nach mir um, aber ich war zu erregt, um mich an der Aussprache beteiligen zu können. Meiner Meinung nach war da nichts mehr zu erreichen. Ich war überzeugt, daß das Gericht, sei es durch innere Spaltung oder durch äußeren Eingriff, nicht mehr abzuwenden war und hereinbrechen mußte.

Das sagte ich dem Bruder, der mich beim Hinausgehen fragte, warum ich mich nicht beteiligt und ihm beigestanden hätte.

Hinsichtlich des „Weges", den man zu gehen bekannte, hatte sich eingebürgert, man erfülle die Bedingungen der Jüngerschaft, wenn man „in Gemeinschaft" sei. Doch mit „Weg" ist der Weg der Wahrheit, der Weg der Nachfolge in den Fußstapfen des Nazareners, der Weg des Glaubens, der Schmach, der Selbsterniedrigung und -verleugnung gemeint.

Kann man die Jüngerschaft mit der Gotteskindschaft ohne weiteres gleichsetzen?

Diese und ähnliche Fragen waren bei den zunehmenden Klagen über den rapide fortschreitenden Verfall akut. Die Konferenzen standen ganz unter dem Zeichen des Niedergangs, indem man fragte, wie demselben begegnet werden könne.

***

Zu den inneren Zuständen, in welchen sich allgemein die Versammlungen befanden, möchte ich nur 2 Beispiele herausgreifen: der Fall <u>Osterholz-Scharmbek</u> und <u>Frankfurt</u>.

In <u>Osterholz-Scharmbek</u> ergab sich die Notwendigkeit, Zucht auszuüben. Dagegen stellten sich aber angesehene Brüder aus den Nachbarversammlungen, vornehmlich Bremen.

Es kam zur Trennung, nicht weil die Versammlung in Osterholz-Scharmbek sich weigerte, den Bösen hinauszutun, sondern weil sie es tun wollte.

Die Bremer vollzogen die unmögliche und schriftwidrige Handlung, indem sie kurzerhand die ganze Versammlung Osterholz-Scharmbek ausschlossen und mitteilten:

„Die Versammlung in Osterholz-Scharmbek wird als nicht mehr bestehend betrachtet." Und: „Die Geschwister der aufgehobenen Versammlung müssen sich in Bremen neu melden."

Als ich Bruder Menninga, der sich um diesen Fall bemüht hatte, in Dillenburg daraufhin ansprach, wie es möglich sei, auf solche Weise und in dieser Form eine ganze Versammlung auszuschließen, gab er zu, daß es ihm auch unverständlich sei.

Mit den Ereignissen in <u>Frankfurt</u>, die ich selbst in Augenschein genommen und z.T. miterlebt hatte, hatte es folgenden Zugang:

Als die Versammlung dort etwa Anfang der dreißiger Jahre Georg Sundermann von Heidelberg als Prediger nach Frankfurt zog, wurde zur selben Zeit Bruder Edwin Seitz nach Frankfurt geführt. Letzterem war wegen seines entschiedenen Bekenntnisses in seiner letzten Lehrerstelle gekündigt worden. Er hatte die Wahl, entweder nach Frankfurt oder an einen anderen Ort zu gehen. Da er seine Doktorarbeit angefertigt hatte, hätte er es als eine Fügung des Herrn ansehen können, nun in Frankfurt sein Studium zu Ende zu führen.

Er erkannte aber sehr bald die Zustände in der dortigen Versammlung, die durch Bruderstreit und Parteiungen gekennzeichnet waren, und widmete seine Freizeit und seine ganze Kraft der Versammlung und den Geschwistern.

Er erkannte aber auch nach nicht langer Zeit, daß es mit Bruder Sundermann nicht stimmte. Schon der Mangel bei diesem in der Verwirklichung der Gegenwart des Heiligen Geistes beim Dienst am Wort ließ ihn aufmerken, und er hatte den Mut, Kritik, da wo sie am Platze war, offen auszusprechen.

Bruder Sundermann reagierte darauf mit Ablehnung und ging soweit, daß er seine Kinder nicht mehr zu Bruder Seitz in die Sonntagsschule schicken wollte. Bruder Seitz hatte sehr viel Widerstand zu erdulden seitens derer, die Sundermann stützten. Selbst die Brüder im Werk bis in Ausland hin nahmen Sundermann in Schutz und teilten nicht das Urteil Bruder Seitz' und derer, die mit ihm in der Beurteilung des Falles Sundermann übereinstimmten.

Da, in 1933, griff Gott ein und machte Sundermann mit einem Schlag offenbar. Die Brüder, die jahrelang darum ernstlich gebetet hatten, waren nun gerechtfertigt. Merkwürdigerweise fand nicht einer derjenigen Brüder, die ihnen vorher Vorwürfe gemacht hatten, ein Wort der Entschuldigung oder berichtigten ihr irriges Urteil. Ein erfahrener Bruder im Werk beleuchtete den Zustand der Frankfurter Versammlung etwa mit folgenden Worten:

„Ein Körper, der Giftstoffe nicht mehr ausscheiden kann, ist vollständig krank. Sobald er aber wieder anfängt, das Unreine abzusondern, beginnt der Gesundungsprozess."

In der Tat, nach dem Offenbarwerden des Sünden- und Lügengeistes in Sundermann (Bordellbesuch), der als Hirte und Lehrer im Werk gegangen war, brachte Gott noch andere sittliche böse Dinge ans Licht, so daß noch andere Aufschlüsse nötig wurden.

Gleichzeitig zeigte sich eine Spaltung, wodurch viele verunreinigt wurden, doch ein Teil beugte sich gottgemäß, während die andern im verunreinigten Zustand mit das Brot brachen, wie sich kaum zwei Jahre später herausstellte, und was zu neuen Schwierigkeiten führte, die durch das Offenbarwerden der Allversöhnungslehre ausgelöst wurden.

Man stellte das Brotbrechen während 3 Monaten ein und verharrte in Beugung und Rufen zum Herrn um Reinigung. Doch zeigte sich wieder der Geist der Auflehnung und Spaltung, und zwar seitens derer, die vorher auf der Seite Sundermanns gestanden hatten.

Sie widersetzten sich der Beugung und Reinigung und machten sich mit den wegen der bösen Allversöhnungslehre Ausgeschlossenen eins. Man hatte sich viel um erstere in Liebe bemüht, doch ohne Erfolg.

Eines Sonntagmorgens rottete sich diese Gruppe von 9 Männern zusammen und protestierte lauthals gegen die bisher vollzogenen Ausschlüsse, daß es bis auf die Straße gehört wurde.

Den Anstoß dazu hatten 2 jüngere Männer gegeben, die auf der voraufgegangenen Frühjahrs-Konferenz 1936 in Frankfurt die Brüder bei der Wortbetrachtung in anstößiger Weise beschuldigt hatten, so daß auswärtige Brüder u. a. auch Bruder Gschwind aus Zürich hierüber beschwert waren.

Ebenso betrieben sie im Verborgenen Spaltung, indem sie in einzelnen Familien und besonders unter der Jugend die Brüder verklagten und so viele verunreinigten.

Man mußte sich mit ihnen beschäftigen, doch lehnte einer der beiden, der von den Mormonen zu den Brüdern gekommen war, weitere Aussprachen ab. Man hatte bei beiden Lügen und Unaufrichtigkeiten festgestellt. Trotzdem nahmen sie am Brotbrechen teil. Dies veranlaßte die Brüder, eine Bezeichnung nach 2. Thess. 3, 14 zu erwägen.

Der andere, welcher von den Brüdern der Beteiligung an Spaltungsversuchen überführt worden war, wollte von sich aus über seine ungeziemenden Äußerungen in der eben genannten Wortbetrachtung vor allen Geschwistern am Sonntagmorgen ein Bekenntnis ablegen. Als der Augenblick kam (nach dem Brotbrechen), forderte er statt dessen die anwesenden Geschwister zu einer Abstimmung für seine Person auf.

Die Brüder suchten dem entgegenzutreten, worauf plötzlich ein Aufruhr aller unreinen und unzufriedenen Elemente losbrach. Es wurde bezeugt, die ganze Unruhe sei geplant gewesen.

Am nächsten Abend kam man mit den an dem Aufruhr beteiligten 9 Männern zusammen, doch zeigte sich ein noch schlimmerer Geist als am Sonntag. Es war unmöglich, sich mit ihnen zu verständigen; bei einigen lagen sehr traurige sittliche Dinge vor, bei anderen handelte es sich um fleischlich-seelische Menschen und auch um solche, die von dem Zeitgeist stark beeinflußt waren.

Da diese Gruppe mit ihren Familien (insgesamt 21) sich auf den Boden der beiden ersterwähnten stellten und zudem schriftlich erklärten, daß sie mit den früher Ausgeschlossenen Gemeinschaft machten und Zusammenkommen hätten, mußten sie ausgeschlossen werden. Sie hatten vorher das Lokal verlassen.

Daraufhin wurde wieder das Brotbrechen unterbrochen; 13 Wochen lang kam man Sonntagmorgens zum Gebet zusammen, und die ganze Versammlung lag in Beugung vor dem Herrn, bis sie die Überzeugung hatten, daß sich die ganze Versammlung darunter gebeugt und gedemütigt hatte.

Nun wuchs aber der Widerstand durch auswärtige Brüder, die von den Widerstehenden beeinflußt waren, und es ging eine Unruhewelle durch alle Versammlungen.

Anstatt die Zuchthandlungen der örtlichen Versammlung anzuerkennen, bis der Herr sie bestätigte oder nicht, hat man nämlich dieselben von auswärts von vorneherein für unmöglich erklärt, was sogar die Meinung der meisten dienenden Brüder auf der Schwelmer Konferenz war; trotzdem ein ausführlicher Bericht über die Ereignisse der letzten Jahre, von vielen Frankfurter Brüdern unterzeichnet, dort verlesen wurde.

Mittlerweile warben die 21 zuletzt Ausgeschlossenen, die inzwischen mit früher Ausgeschlossenen zum Brotbrechen zusammenkamen, bei den dienenden Brüdern mit vielen Briefen um Anerkennung als Versammlung. Das vorbezeichnete allgemeine ablehnende Urteil über die Handlung der Versammlung in Frankfurt pflanzte sich nun fort und veranlaßte alle Versammlungen in Deutschland, für Frankfurt zu beten.

Dies drang natürlich auch nach Frankfurt und brachte dort alle nicht selbst Urteilsfähigen, vor allem aber die Unsicheren und Unlauteren, in immer größere Unruhe.

Die Frankfurter Angelegenheit kam im September 1936 auf der Dillenburger Konferenz zur Aussprache. Man war dort der Ansicht, daß einige Brüder die Sache an Ort und Stelle besehen müßten.

Auf eine diesbezügliche Anfrage antworteten die Frankfurter Brüder zunächst ablehnend. weil sie vordem manche üble Erfahrungen mit der Beurteilung durch auswärtige Brüder gemacht hatten, die das selbst nicht durchlebt hatten. Schließlich stimmten sie aber doch zu, und es kamen drei Brüder – Menninga, O. Bubenzer und W. Schneider – nach Frankfurt.

Als sie in einer Brüderversammlung ihr Anliegen vorbrachten, mußten sie feststellen, daß die Brüder in Frankfurt in bezug auf die Beurteilung der Dinge und ihrer Handlungsweise einig waren. „Ja", sagte dann Bruder Menninga, „dann sind wir unseres Auftrages ledig."

Dann gingen sie in ihre Quartiere, zum Teil zu alten Freunden, die nicht ohne Neid waren im Blick auf Ansehen und Einfluß des Bruders Seitz.

Scheinbar dem Rat der Neider folgend, besuchten die drei nun doch einzelne Geschwister und es kam zu einer zweiten Brüderversammlung, wo sie sagten: *„Nun müssen wir feststellen, daß ihr doch nicht einmütig seid. Wir sind nun genötigt, Hausbesuche zu machen. Ganz Deutschland sieht auf uns."*

Aber in welcher Erwartung, das war die Frage.

Die Versammlungen, insbesondere die drei Brüder, standen nun vor der Alternative: Entweder ist das Niveau des Zeugnisses in Frankfurt – und dann sicher noch an vielen anderen Orten – ein so erschreckend niedriges, so daß der Herr in Beantwortung des ernsten Betens derer, die um die Reinheit des Zeugnisses, die Heiligkeit des Tisches und die Ehre des Namens des Herrn besorgt sind, genötigt ist, ein solches Werk der Reinigung zu tun – oder es war alles so schön und in Ordnung, wie die meisten Geschwister es zu sehen beliebten.

War letzteres der Fall, dann hatten die verantwortlichen Brüder in Frankfurt in fleischlicher Weise und ohne Gnade gehandelt. In Wirklichkeit traf ersterer Tatbestand zu.

Die drei Brüder aber sahen diesen nicht genügend und stellten alles auf den Kopf, indem sie, anstatt darauf hinzuwirken, daß der Schaden in gottgemäßer Weise beseitigt wurde, um des äußeren Zusammenhaltes willen, die Spaltung unter allen Umständen zu kitten versuchten. Letzteres war zweifellos das Anliegen der meisten.

Das Ergebnis der Hausbesuche der drei Brüder war leider das von ganz Deutschland erwartete: Die verantwortlichen Brüder wurden überführt, daß sie nicht in Liebe und Gnade und Demut gehandelt hätten, die Ausschlüsse wurden sämtlich aufgehoben und die 21 bis auf einen hereingeholt.

Bruder Menninga erklärte später: „Meine Sympathien sind bei den Brüdern, die um die Reinigung des Zeugnisses bemüht sind, aber sie haben doch zuviel für die Heiligkeit geeifert!"

Kann man das?

Sie stellten Bruder Seitz und die anderen Brüder mit ihm vor die Frage: *„Könnt Ihr mit gutem Gewissen sagen, daß Ihr immer mit der Geduld und der Gnade, wie es der Herr erwartet, den einzelnen begegnet seid und gehandelt habt?"*

Sie waren demütig genug, anzuerkennen, daß das wohl bei ihnen gemangelt habe. Doch daraus zogen die drei alten Brüder den Schluß: *„Ja, dann ist auch die ganze Sache verkehrt, dann müßt Ihr auch die Ausschlüsse zurücknehmen."*

Daß man so vorgehen konnte, ist mir bis heute unbegreiflich geblieben, obgleich ich nicht in Abrede stelle, daß in all dem erregenden Geschehen manche Fehler gemacht worden sind und im Übereifer auch ein Fehlurteil unterlaufen sein mag. Sie wurden an die Wand gedrückt und gezwungen, vor der Versammlung zu bekennen, daß sie sozusagen alles falsch gemacht hatten. Die Freunde lagen am Boden.

Die Versammlung wurde von den wieder Hereingekommenen bedient und von deren Geist beherrscht. Als auch die letzten Ausgeschlossenen trotz aller Einreden einfach teilnehmen durften, ergab sich für die Treuen die Notwendigkeit, sich vom Brotbrechen zurückzuziehen. Sie mußten jede Schmähung über sich ergehen lassen.

Als ich um diese Zeit wieder einmal nach Frankfurt kam, lag der liebe Freund Edwin Seitz völlig am Boden. Er wußte nicht mehr, was vorne und hinten war. Ich fragte ihn unter Benennung einiger konkreter Fälle: *„Sage mir, war dieser Ausschluß nicht berechtigt? Bist Du jetzt über den Fall anderer Überzeugung?"*

Er verneinte das und antwortete mir, daß er nach wie vor der Überzeugung sei, daß die Ausschlüsse berechtigt und notwendig gewesen seien.

Dann sagte ich ihm: „*Wie kannst Du Dich denn dann vor die Versammlung stellen und alles für verkehrt erklären? Wenn Ihr Anlaß hattet, Euch zu demütigen – und dazu liegt zweifellos immer Anlaß vor –, dann hättet Ihr das tun sollen vor der ganzen Versammlung, aber dabei müßt Ihr Euer Urteil, zu dem Ihr vor Gott gekommen seid, doch festhalten.*"

Da erst ging ihm ein Licht auf, so daß er fähig war, sich zu erheben und die Zusammenkünfte wieder zu besuchen, was ihm in jüngster Zeit unmöglich geworden war.

Ich war voll banger Sorge um den Bestand des Gesamtzeugnisses, wenn die Brüder auf diesem Wege weiter fortschritten; wenn sie weiterhin, um das eine Übel zu nennen, „Liebe" und „Gnade" predigten, wo von Buße und Gericht geredet werden mußte.

Dadurch waren die Begriffe über das, was wahre Liebe ist, so morsch geworden und die Gewissen der Leichtfertigen eingeschläfert. –

Eine einsichtsvolle Schwester in Frankfurt, Frau Heinrich Schäfer, hatte das selbst als das größte Übel an dem neueren „Dienst" der Brüder, die wohl einen äußeren Zusammenhalt erzielt zu haben meinten, aber das Böse eingeführt hatten, erkannt. Sie sagte mir: „*Sobald eine ernste Wahrheit in den Betrachtungen angedeutet wird, sind sie gleich mit der Liebe dabei, die alle Sünden bedeckt!*"

Aber wie kann die Vorstellung von der Liebe ein Herz erwärmen, welches nicht rein ist?

So fand denn auch mein Dienst einige Wochen später am Sonntagnachmittag keinen Aufnahmeboden bei diesen Leuten. Ich hatte am Morgen nicht am Brotbrechen teilgenommen, ebenso Bruder Seitz nicht, dem das unter diesen Umständen noch nicht möglich war. Die Atmosphäre war drückend, und es entstand langes Schweigen, bis der Herr mir Freimütigkeit gab, über Phil. 3, 3 und 4 einige Gedanken zu äußern:

„Wir sind die Beschneidung, die wir durch den Geist Gottes dienen und uns Christi Jesu rühmen und nicht auf Fleisch vertrauen."

Ängstlich bemüht, niemanden zu verletzen oder anzugreifen, hatte ich versucht, klarzumachen, was es bedeutet, wenn man auf Fleisch vertraut.

Der Stunde schloß sich eine Brüderbesprechung an, in der ich aber nicht zugegen war. Doch wurde mir berichtet, daß die Reaktion auf meinen Dienst ein Aufruhr gewesen sei. Es seien Worte gefallen wie: „...nur Gericht predigen..." – „bestellte Arbeit" etc., obwohl ich mit keinem Wort auf den dort herrschenden Zustand eingegangen war.

„Es ist kein Ohr mehr, auf das Wort zu hören", sagte Bruder Heinrich Schäfer, der, da er um diese Zeit in Frankfurt Wohnsitz nahm, aufrecht und treu den Freunden beistand und ihnen eine Hilfe war.

Bruder Bubenzer hat noch einmal einen Versuch unternommen, den Frieden wiederherzustellen, wurde aber in Frankfurt von dem Verbot überrascht, welches für die Freunde die Lösung brachte.

Erst Reinheit, dann Einheit! Ohne Heiligkeit ist kein wahrer Friede möglich! –

Das Versammlungsverbot

An der im März 1937 stattfindenden Elberfelder Konferenz habe ich nicht teilgenommen, hörte aber, daß es dort zu Auseinandersetzungen gekommen sei. Ich kam aber am 28. April nach Elberfeld, weil ein Onkel meiner Frau mich gebeten hatte, ihn, da er schwerhörig war, zu einem Termin bei der Reichsbahndirektion wegen seiner Pensionierung zu begleiten.

Da wir zwei Stunden vorher ankamen, besuchten wir noch eine verwandte Familie, die im Lokal Baustraße wohnte. Die Schwester kam uns weinend an der Türe entgegen, und als ich mich nach dem Grunde erkundigte, antwortete sie: „Die Versammlung ist verboten!"

Wir traten ins Wohnzimmer und trafen dort, außer dem Hausherrn, drei Brüder an, die tiefbetrübt ihre Gedanken austauschten, was nun werden solle.

Es waren dies Bruder Hild, der gerade in Elberfeld Hausbesuche machte mit dem ihn begleitenden Bruder Quabeck, und ein Bruder West aus Thüringen. Das Verbot war an diesem Tage in der „Kölnischen Zeitung" veröffentlicht worden und lautete:

„Die Versammlungen der Christen ohne Sonderbekenntnis oder Darbysten der christlichen Versammlung sind verboten!"

Es war schon am 13. April erlassen.

Nachmittags ging ich mit Bruder Löwen zu Bruder E. Brockhaus, um zu hören, wie die Brüder dies aufnahmen. Wir trafen Bruder Brockhaus sehr aufgeregt an; er hatte am Morgen schon mehr als 50 Telefongespräche abgehört, in denen allgemein die Auffassung vertreten wurde, man könne das Verbot nicht so hinnehmen; wahrscheinlich läge eine Verwechselung vor und man müsse in Berlin nachhören.

Dies waren auch die Gedanken von Bruder Brockhaus, der meinte, es müsse sich um andere Gruppen handeln, die schon einmal mit der Gestapo in Konflikt geraten waren, wie etwa eine Gruppe in Schlesien, die sich auch als „Christliche Versammlung" bezeichnete und den Nazigruß und zum Teil die Wehrpflicht ablehnte.

„Was wollen Sie denn in Berlin – und überhaupt, was glauben Sie dort erreichen zu können?" fragte ich.

„Ja, man muß doch die Gründe zu erfahren suchen", antwortete er erregt.

Ich entgegnete: „Die haben doch Gründe genug, uns kalt zu stellen, wenn sie wissen, was die Brüder lehren über das völlige Verderben des Menschen von Natur, das Verderben der Welt. Und sie wissen das; sie haben Material genug vorliegen."

„Das wäre allerdings sehr ernst", sagte er bedrückt. „Aber ich kann es nicht glauben, daß wir gemeint sind. Wir sind doch so gute Staatsbürger und nette Leute. Und außerdem haben wir doch sehr gute Beziehungen zur Polizei..."

Er zeigte uns schon ein Rundschreiben, vom Juristen der Christlichen Versammlung, Dr. Richter, unterzeichnet, in welchem alle örtlichen Versammlungen ermahnt wurden, doch nur ja das Verbot zu beachten, und nicht durch verborgene Zusammenkünfte die nun beabsichtigten Verhandlungen in Berlin zu gefährden. Denn mittags waren schon Bruder Hartnack (Betzdorf) und Dr. Richter aus Düsseldorf eingetroffen, die mit Bruder E. Brockhaus und Dr. Ansorge nach Berlin reisen wollten.

Die Brüder Hartnack, Richter und Ansorge waren gerade, als wir bei Bruder E. Brockhaus weilten, mit Bruder Wilhelm Brockhaus zu einer Besprechung mit dem juristischen Berater der Bekenntniskirche gegangen. Letzterer hatte ihnen aber entschieden abgeraten, Konzessionen zu machen wegen der möglichen Folgen...!

Als ich allein war und fragend meine Bibel aufschlug, was wohl der Herr mir auf meine Frage antwortete, da las ich Amos 2: „...ich werde es nicht rückgängig machen." Nach Kenntnis der wirklichen Zustände war mir die Begründung dazu in demselben Kapitel einleuchtend.

Ich tröstete mich mit dem Lied, welches wir am Vorabend nach der Gebetsversammlung noch gesungen hatten:

Gott, mein treuer Leiter, Deine Macht reicht weiter als die Macht der Welt.

Die vier Brüder ließen sich nicht von ihrer Absicht abbringen und fuhren noch mit dem Nachtzug nach Berlin und wurden im Gestapoamt vorstellig. Dort, in dem unheimlichen Bau, wo sie Posten passieren mußten, wurden sie nicht von dem zuständigen Sachbearbeiter empfangen, sondern von einem anderen Beamten, der angeblich keinen Bescheid wußte und keine Auskunft geben konnte und sich doch zwei Stunden leutselig mit ihnen unterhalten hatte; sie wußten beim Hinausgehen nicht mehr als vorher, jedoch hatte er ihnen den Hinweis gegeben, daß das Verbot vom Kirchenministerium ausgehe – die Gestapo sei nur ausführendes Organ.

Die Brüder gingen nun ins Kirchenministerium und wurden dort von dem Vertreter des Reichkirchenministers, Kerrl, empfangen. Dieser aber hatte angeblich wenig Zeit für sie und zog schon nach 10 Minuten die Uhr: „Ich habe noch einen Vortrag beim Minister, meine Herren!" Die Brüder baten ihn dringend, ihnen doch einen Ausweg zu zeigen.

Dr. Richter kam dabei auf den klugen Gedanken zu sagen: „Wenn wir uns nun eine Organisation beilegen, wie der Staat sie verlangt..." Darauf antwortete der Regierungsrat zynisch: „Meine Herren, das geht doch gegen Ihr Bekenntnis, das geht doch gegen Ihr Gewissen."

„Nein, Herr Rat, wenn der Staat das von uns verlangt, haben wir keine Bedenken, das zu tun", hielten sie an, indem Bruder Hartnack ihm den Segen Gottes versprach, wenn er ihnen helfen und einen Ausweg zeigen würde.

Der Regierungsrat Kerrl überlegte einen Moment und erwiderte:

„Meine Herren! Wenn ich zu meinem Minister komme und ihm sage, da ist eine verbotene Sekte, die will sich – sagen wir mal – den Baptisten anschließen, dann wird er dafür vielleicht Verständnis haben. Aber wenn ich zu meinem Minister komme und sage, da ist eine verbotene Sekte, die will sich umorganisieren, dann wird er mir etwas ganz anderes sagen. Er wird mich nicht segnen."

Das Gespräch hatte sich hingezogen – „Wir haben es verstanden, ihn doch noch zwei Stunden festzuhalten", erzählte mir nachher Bruder Hartnack. (Das hätten sie besser nicht getan.)

Bruder Hartnack hatte zuletzt noch leise angefragt, ob er die für den kommenden Monat gedruckten und versandfertigen Schriften noch abschicken dürfe.

Er bekam zur Antwort: „Wenn Sie für zwei Jahre ins Zuchthaus wandern wollen?"

Die Brüder fuhren unverrichteter Dinge wieder heim. –

Ich empfand die Kriecherei der Brüder widerlich. Sie hätten wie Christus Jesus vor Pontius Pilatus das „gute Bekenntnis" bezeugen sollen (1. Tim. 6, 13). Der liebe Bruder Hartnack war völlig niedergeschmettert. Als ich ihn besuchte, meinte er: „Wenn kein Stern vom Himmel fällt, dann ist alles aus." Aber es fiel keiner vom Himmel, und es geschah auch kein Wunder.

Trotz des erlassenen Verbots hatte man die alljährliche Zusammenkunft auf Hohegrete am 7. Mai beginnen lassen. Dr. Becker hatte mich in seinem letzten Brief herzlich und dringend eingeladen, doch nach dort zu kommen, obgleich ich ihn wiederholt ernstlich gewarnt und ihm geschrieben hatte, was ich dachte. Er schrieb:

„Es will mir nicht in den Kopf, daß ich in H. nicht Gelegenheit haben soll, Sie zu begrüßen.
Gerade so kritische Geister sind nötig... und damit die gewissenschärfende Kraft des Wortes nicht zu kurz kommt... es sind wenige, die selbständig denken und uns die Gefahren aufzeigen und uns sagen können, wo wir falsch marschieren; und wenn die noch gehen, wächst die Gefahr...
Also kommen Sie doch."
Ich kam nicht.

Als man beraten hatte, ob man der Heimverwaltung es weiterhin zumuten könnte, unter diesen Umständen die Tagung fortzusetzen, entschlossen sich Dr. Becker und Bruder v. Kietzell, zur Gestapo-Dienststelle nach Koblenz zu fahren, um, wenn möglich, die Erlaubnis für diese Tagung einzuholen.

Sie erklärten dort u.a., daß sie einer Oppositionsgruppe innerhalb der Christlichen Versammlung angehörten und kein Interesse an der Aufhebung des Verbotes hätten.

Bis hierhin hatte der Gestapo-Beamte sie freundlich behandelt und schien geneigt, ihnen die Erlaubnis zu geben. Dr. Becker konnte sich aber nicht verkneifen nachzufassen, welche Gründe zum Verbot geführt hätten.

Darauf reagierte jedoch der Gestapo-Beamte sehr empfindlich und wurde sehr heftig, obwohl sie sich als Offiziere vorgestellt hatten: Bruder v. Kietzell als Major und Dr. Becker als Fliegerhauptmann der Staffel Bölke.

Dr. Becker war über die Behandlung sehr erbost. Er soll nachher geäußert haben: „Wenn ich nicht Christ wäre, hätte ich den Kerl gefordert, so hat der uns beleidigt."

Die Zusammenkunft flog auf. Manche haben gemeint, Dr. Becker habe schon vor der Bekanntmachung von dem Verbot gewußt; andere wollten gar behaupten, er habe daran mitgewirkt.

Sein oben erwähntes Auftreten in Koblenz ist wohl ein Beweis, daß er ebenso wenig davon wußte wie auch andere. Es war für mich durchaus glaubhaft, wenn er erklärte, daß das Verbot ihn auch wie ein Blitz aus heiterem Himmel getroffen habe.

In dieser aussichtslosen Situation trat Dr. Becker auf die Bühne. Von seinen Freunden gedrängt, doch auch einen Versuch zu unternehmen, um eine Betreuung der nun von allem entblößten Geschwistern zu erreichen, flog er nach Berlin.

Er traf im Gestapo-Amt in Berlin mit dem zuständigen Sachbearbeiter, Assessor Bartsch, zusammen. Sein Auftreten war allerdings dort anders als das der vier Brüder vorher. Als man ihn abweisen wollte, sagte Dr. Becker entrüstet: „Ich bin 4 Jahre Soldat gewesen, 3 Jahre als Frontoffizier; ich habe mich nach dem Kriege mit den Kommunisten herumgeschlagen und den Spartakisten herumgeschossen, ich soll jetzt als Staatsfeind diffamiert werden? Das lasse ich mir nicht gefallen!"

Der Assessor reagierte darauf: „Ja, so ist das auch nicht gemeint, Herr Doktor, die <u>Leute</u> wollten wir nicht treffen, denen können wir eine Gelegenheit geben, wie sie in einer neuen Form die Mitglieder betreuen können." –

Zuvor hatte Dr. Becker ca. 30 Brüder zu sich eingeladen, unter ihnen Bruder J. Voorhoeve, um sich Vollmachten geben zu lassen bzw. von ihnen zu hören, wie weit er Zugeständnisse machen dürfe; er erhielt fast einstimmig die Vollmacht und den Auftrag, das Mögliche zu erreichen.

Dr. Becker bekam die Genehmigung zur Gründung eines „Bundes freikirchlicher Christen". Das Gestapo-Amt Berlin gab eine diesbezügliche schriftliche Anweisung an die Gestapo-Stelle in Dortmund,

> *„...daß Dr. Becker, gegen den sonst nichts einzuwenden ist, die Gründung eines „Bundes freikirchlicher Christen" genehmigt wird, mit Mitgliedern der ehemaligen christlichen Versammlung, die z.T. durchaus auf dem Boden des Nationalsozialismus, der nationalsozialistischen Weltanschauung, stehen, und z. T. alte Parteigenossen sind."*

Darauf erließ Dr. Richter am 24. Mai folgendes Rundschreiben an alle Versammlungen im großdeutschen Reich:

> *„...in der Auflösungsverfügung vom 13. April darf man keinesfalls eine religionsfeindliche Aktion des Staates erblicken, sondern einzig und allein eine Maßnahme politischer Natur, die in einem Ordnungsstaat wie dem unsrigen verständlich ist; der Staat hat ein Anrecht darauf, die in ihm bestehenden religiösen oder weltanschaulichen Vereinigungen hinsichtlich ihrer Personenzusammensetzung, ihrer Ziele und insbesondere ihrer Einstellung zum Staat zu erkennen und zu beurteilen.*
>
> *Diese grundsätzlichen Ansprüche des Staates stellen, wie wir aufgrund der Verhandlungen mit der Geheimen Staatspolizei wissen, die unabänderliche Voraussetzung für unser weiteres Zusammenkommen dar. Gott bietet uns noch einmal eine Möglichkeit, uns wieder zu versammeln, wenn wir hierfür reif sind.*
>
> *Im einzelnen ist über das bisherige Verhandlungsergebnis folgendes mitzuteilen:*

1. Eine Aufhebung des Verbotes vom 13. April ist nicht mehr zu erwarten. Es besteht die Möglichkeit, daß der Reichsführer einer Abmilderung des Verbotes nähertritt.

Dies ist von folgenden Bedingungen abhängig:

I. <u>Name oder Bezeichnung</u>:
Eine unabänderliche Bedingung ist die Auffindung eines neuen Namens oder richtiger eines Namens, der einheitlich den Personenkreis kennzeichnet (und sich von anderen Kreisen unterscheidet), welcher sich in dem Kreise der aufgelösten Versammlungen zusammenfand und künftig wieder zusammenfinden will.

II. <u>Körperschaftliche Form</u>:
Der Staat erhebt Anspruch darauf, daß künftig durch eine ordnungsgemäße Verwaltung der Religionsgemeinschaft eine Körperschaft nachgewiesen wird, die
a) übersichtlich und durchsichtig,
b) d.h. politisch anstandsfrei und
c) nicht etwa <u>volks- und staatsfeindlich</u> ist.

Es ist daher notwendig, daß wir uns einer Ordnung und Verwaltung einordnen, die den Ansprüchen des Staates genügt. Hierzu gehört insbesondere, daß die örtlichen Gemeinden einen verantwortlichen Leiter erhalten, der die Verantwortung gegenüber dem Staat trägt. Diese verantwortlichen Männer müssen die Vollmacht und Autorität erhalten, entsprechend ihrer Verantwortung die Ordnung in der örtlichen Gemeinde zu überwachen, d.h. notwendigenfalls Anordnungen und Maßnahmen zu treffen, die den satzungsgemäßen Grundsätzen Rechnung tragen.

Die vorstehend geschilderten Erfordernisse sind am 23. Mai Gegenstand einer mit Genehmigung des Geheimen Staatspolizeiamtes abgehaltenen vielstündigen Konferenz westdeutscher Brüder gewesen. Als das einmütige Ergebnis dieser Beratungen wird nun den Geschwistern folgendes zur Kenntnis und ernsthaften Prüfung vor Gott bekanntgegeben:

Es handelt sich bei dem, was wir zu tun haben, darum,
ob wir auf die bisher geübte Gemeinschaft und religiöse Betreuung unserer über 60.000 Geschwister verzichten wollen;
ob wir unseren Kindern die Segnungen der bisherigen religiösen Betreuung vorenthalten wollen;
ob wir aufgrund des Verbotes vom 13. April als Staatsfeinde gelten wollen und völlig grundlos unsere Kinder dieser Schande mit allen erschütternden Folgen aussetzen wollen!

Dazu kann und darf es nicht kommen, wenn wir die Dinge im Blick auf unsere Verantwortung Gott und unseren Kindern gegenüber richtig betrachten! Darum haben wir einmütig die in der Anlage beifolgenden Grundsätze beschlossen.

Diese Grundsätze sind die Grundlage für die am <u>Sonntag, den 30. Mai 1937 nachmittags 15.00 Uhr</u> im Versammlungslokal Elberfeld, Baustraße, stattfindenden Zusammenkunft, zu welcher hiermit eingeladen wird.

Diese Konferenz wird den Vertretern der einzelnen Orte im Reich Gelegenheit bieten, sich über etwa bestehende Unklarheiten durch Fragen aufklären zu lassen. Ohne die Erfüllung der vorgenannten Bedingungen gibt es überhaupt keine weitere Möglichkeit des Zusammenkommens.

Wer daher meint, den neuen Weg nicht mitgehen zu können,
muß es lassen...
Da Sie den Geschwistern Ihres Ortes von dem in Elberfeld
Gehörten Mitteilung machen sollen, empfehlen wir Ihnen,
sich schon jetzt an das für Sie zuständige Landratsamt zu
wenden und dieses (notwendigenfalls unter Vorlage dieses
Schreibens) um die Genehmigung von zwei Zusammenkünf-
ten im dortigen Versammlungslokal zu bitten..."

> *gez. Dr. Becker, E. Brockhaus,*
> *Dr. Ansorge, H. Hartnack,*
> *C. Koch, Dr. Richter*
> *– Der Arbeitsausschuß –*

Die im Schreiben erwähnten „Grundsätze" der „Freikirchlichen Christen-Gemeinde in Deutschland" hatten folgenden Wortlaut:

„I. Die...ist eine freikirchliche christliche Gemeinschaft von deutschen Volksgenossen, die sich, geeint durch den gemeinsamen christlichen Glauben, zur gegenseitigen religiösen Erbauung und Förderung des Christentums zusammengeschlossen haben. Jedwede Teilnahme oder Unterstützung an irgendwelchen kirchenpolitischen Bestrebungen ist ausgeschlossen.

II. Der... können Personen jeden Alters ohne Unterschied des Standes angehören, sofern sie
  a) auf dem gleichen Glaubensboden stehen,
  b) sich eines einwandfreien Lebenswandels und guten Rufes erfreuen,
  c) staatsbejahend sind und die Obrigkeit anerkennen.

Die Mitgliedschaft wird durch Aufnahme erworben.

Die Aufnahme erfolgt durch den Beschluß der Leitung.

Die Mitgliedschaft erlischt

1. durch freiwilligen Austritt, der jederzeit erfolgen kann,
2. durch Ausschluß.

Der Ausschluß hat zu erfolgen, wenn das Mitglied in offenbarer Weise mit obengenannten Voraussetzungen der Aufnahme in Widerspruch getreten ist.

III. Die verantwortliche Leitung der ... liegt in den Händen der Zentralleitung. Dieselbe besteht aus dem Reichsbeauftragten und einem Führerrat von 4 Personen.

Die örtlichen Gemeinden werden in gleicher Weise geleitet. Ihr Leiter und Führerrat wird im Benehmen mit der örtlichen Gemeinde durch die Zentralleitung berufen. Sie unterstehen der Zentralleitung und können von dieser abberufen werden.

Die Zentralleitung bestimmt nach Anhörung der örtlichen Gemeinden für größere Bezirke Bezirksleiter. Diese sind der Zentralleitung verantwortlich und können nach Weisung der Zentralleitung mit entsprechenden Befugnissen gegenüber den örtlichen Gemeinden betraut werden.

IV. Die geldlichen Bedürfnisse werden durch freiwillige Gaben aus dem Kreise der Gemeindeglieder aufgebracht. Der Zentralleitung bzw. deren Beauftragten steht ein Kontrollrecht über die Finanzgebarung der örtlichen Gemeinden zu."

In den „Erläuterungen zu Artikel III", welche den „Grundsätzen" beigefügt waren, wird dann ausgeführt, welche und in welcherlei Form die örtlichen verantwortlichen Leiter gewählt werden sollen, wobei versichert wird, daß bei Annahme dieser Regelung und Schaffung der vorgeschlagenen Gemeindeordnung das Zusammenkommen in der bisherigen Weise keineswegs beeinträchtigt werde.

Man könne nach ernster Prüfung der Schrift keinen Anhaltspunkt finden, der ein solches Vorgehen nicht zuließe.

Damit war also der „neue Weg" bezeichnet, und danach ging es **nicht** darum, ob wir diesen Weg mit dem Herrn gehen konnten. ob diese Grundsätze sich mit den Grundsätzen des Wortes decken und wir dieselben mit gutem Gewissen annehmen konnten, sondern einzig und allein darum, ob wir auf die Gemeinschaft verzichten, unseren Kindern die Segnungen vorenthalten und uns und sie der Schande aussetzen wollten, als Staatsfeinde betrachtet zu werden.

Diese Fragestellung mochte von dem Standpunkt derer, die nur auf das Äußere blickten und das unter allen Umständen zurückgewinnen wollten, weil sie sich damit aller Segnungen beraubt sahen, berechtigt erscheinen, niemals aber vom Standort der Heiligen Schrift aus.

Diejenigen, die auf Gott blicken und vor Ihm stehen, die Sein gerechtes Gericht anerkennen und sich unter Seine mächtige Hand beugen, erwarten nur von Ihm das zurück, was Gott uns genommen bzw. erlaubt hat uns zu nehmen.

Und wenn nicht, dann bleiben ihnen doch die kostbaren Verheißungen, die Er den Seinen, besonders den Trauernden, Niedergebeugten, Zerschlagenen, Verfolgten, den Treuen, jedem Glaubenden, der Sein Wort bewahrt, gegeben hat. (Jes. 57, 15; Joh. 14, 21. 23; Jes. 66, 2; Jer. 15. 16f und Offb. 3, 10. 11).

Auch wenn der Weg einsam wird, bleibt Joh. 16, 32. 33; auch Römer 11, 4! „Siehe ich bin da, ich will nach meinen Schafen fragen..." (Hos. 34, 11). Stellen wie Matth. 18, 20 „...zu meinem Namen hin versammelt sind", erschienen mir im neuen Licht.

Am Vormittag des 30. Mai saßen wir im Hause des Bruders F. Brockhaus mit einer Anzahl Brüder zusammen. Es war inzwischen bekannt geworden, daß die Gestapo bei Dr. Becker in Dortmund vorstellig geworden sei und der „Bund" nicht in der beabsichtigten Form zustande kommen könnte; sie wollte auch am Nachmittag dieses Tages Mithörer sein.

Die Brüder in Berlin waren nämlich mit dem Rundschreiben vom 24. Mai zur Polizei gegangen. Doch da fragte man sie verwundert: „Was, verbotene Sekte? – Dann gehen Sie mal zur Gestapo." Auf diesem Wege gelangte das Rundschreiben in die Hände des Assessors Bartsch, des Sachbearbeiters im Gestapo-Amt. Und der ist über den Inhalt dieses Schreibens nicht wenig verwundert, setzt sich sofort in Richtung Dortmund in Bewegung und stellt Dr. Becker die Frage, wie er sich das gedacht habe.

Dr. Becker erklärte ihm alles, und das Rundschreiben ließ ja auch erkennen, daß er die Absicht hatte, in Gedanken möglichst alle in den zu gründenden „Bund" zu überführen. „Nein!" sagte Bartsch, „so ist das nicht gedacht. Die Christliche Versammlung ist tot, es lebe die Christliche Versammlung! Nein, Herr Doktor, Sie müssen Zellen bilden..." und er zeigte dabei mit Zeigefinger und Daumen an beiden Händen einen Kreisausschnitt: „Wenn sich das Neue soweit mit dem Alten deckt, oder das Alte mit dem Neuen, dann geht es noch, aber wenn es sich schon soweit deckt, dann sind wir nicht einverstanden. Sie müssen Zellen bilden. Es geht darum, das wertvolle Volksgut aus der ehemaligen CV in dem Bund zu sammeln."

Einige der versammelten Brüder ließen den Kopf hängen. „...mit vielen Wünschen bin ich ausgegangen...", seufzte einer. Alle schwiegen. Bruder Schwefel kam noch herein.

Ich unterbrach die Stille und sagte: „Ich muß allerdings sagen, wir aus dem Siegerland waren zuerst mit schwerem Herzen hierhergekommen, sind aber nun doch etwas erleichtert." „Wieso?" fragten viele wie aus einem Munde. „Ja, daß es auf dieser Basis nicht zustande kommt", antwortete ich ruhig. „Das mußt du uns aber mal erklären", bat Bruder Schwefel.

Als ich das versuchte, indem ich ihnen meine Bedenken kundtat und die voraussehbaren Folgen schilderte, wandte Bruder Schwefel ein: „Und was dann?"

„Ja", sagte ich, „dann bleibt nur der Weg des Glaubens." Als keiner etwas erwiderte, fügte ich hinzu: „Ich ersehe wohl, daß die Entscheidung für den einen schwerer ist als für den andern, wenn seine Existenz dadurch bedroht ist. Aber ich sehe keinen anderen Weg."

Für Dr. Becker ergab sich m.E. die Alternative, entweder seinen Auftrag zurückzugeben, oder die Sache in dem Sinne, wie es die Gestapo wünschte, durchzuführen. Da er letzteres wählte, mußte er am Nachmittag in Gegenwart des Beamten vom Gestapo-Amt Berlin und einiger Beamter der Gestapodienststelle Elberfeld zugestehen: „Es geht nicht – *die Christliche Versammlung ist tot, es lebe die Christliche Versammlung* – es muß jeder bewußt und mit Überzeugung die neuen Grundsätze bejahen", erklärte er vor ca. 1000 Brüdern.

Er las Amos 3, 1 – 8 vor, wo es heißt: „Wandeln wohl zwei miteinander, ohne daß sie übereingekommen sind? Nur euch habe ich erkannt aus allen Völkern."

V. 6: „Geschieht ein Unglück in der Stadt, und Jehova hätte es nicht bewirkt?"

Dr. Becker benutzte dieses Zitat, um den Brüdern, die einen 180° - Kurswechsel ablehnten, deutlich zu machen, welche Lektion sie zu lernen hätten in bezug auf ihre Engherzigkeit und Haltung anderen Gläubigen und Kreisen gegenüber.

„Es geht um einen Kurswechsel von 180°, das ist also eine Kehrtwende", sagte er wörtlich.

Ich habe übrigens das Wort aus Amos 3 als zeitgemäß empfunden und aufgenommen, und ich glaube wohl, daß Gott Dr. Becker benutzt hat, um die Wirklichkeit zutage treten zu lassen. Welche Gesinnung Dr. Becker bei seiner Kritik beseelte, und ob er das Wort in dem Geiste aufnahm, wie es dastand, und sich mit unter das Urteil stellte, war natürlich eine andere Frage.

Er fuhr fort:

„… Es ist ein Irrtum anzunehmen, daß für das Verbot vom 28. April keine Gründe vorliegen. Die Regierung ist nicht christenfeindlich und hat ein Recht zu dieser Maßnahme, die in einem Ordnungsstaat wie dem unsrigen im Interesse der Staatsräson geboten ist.

Dem Verbot liegen keineswegs christentumsfeindliche Absichten zugrunde", betonte er. *„Auf die Gründe gehe ich noch ein. Weniger äußere Anlässe haben dazu geführt, als vielmehr unsere innere Haltung dem Staat gegenüber." …*

Er höre auch immer wieder die Auffassung, „daß die Neuorganisation nur pro forma errichtet würde, um dem Staat gegenüber gesichert zu sein."

Das ist ein zweiter grundlegender Irrtum. Das Verbot wird nicht aufgehoben, das Alte kann nicht wieder aufgerichtet werden. Wir können in der alten Art und Weise nicht wieder zusammenkommen!

Die Bedingungen, die die Regierung uns stellt, sind unbedingte Voraussetzung für den Neuaufbau. Wir müssen unsere indifferente Haltung aufgeben und nicht nur Nutznießer des Werkes unseres gottgegebenen Führers sein. Wir haben es wohl anerkannt, haben aber unseren Dank nicht in praktischer Weise abstatten wollen.

Gebet dem Kaiser, was des Kaisers ist… Wir sollen nicht nur dankbar sein für die Erfolge, sondern positiv das tun, wozu wir verpflichtet sind; nicht in Ablehnung und Gleichgültigkeit ihren Bestrebungen gegenüberstehen.

Der Regierungsvertreter hat von der „Darbyistischen Auffassung" gesprochen, die lebensverneinend sei, und fordert positive staatsbejahende Auffassung als Grundlage unserer Haltung.

Das Gleiche gilt für unsere Einstellung zu Wissenschaft, Kunst, Kultur etc. Die Meinung, daß das alles grundsätzlich sündhaft und falsch ist, ist nicht haltbar; die Dinge sind an sich nicht böse... Es geht um die Frage, ob wir den Werten in der Welt, in die wir hineingestellt sind, bejahend gegenüberstehen; wir dürfen nicht radikal alles verneinen. Einmal ist es eine ernsthafte Erwägung gewesen, ob man Radio halten dürfe; dieser Standpunkt ist heute lächerlich..."

Dann sprach er über die Organisation. Eine solche war seiner Meinung nach bisher da, nur war sie für die politischen Organe nicht durchsichtig genug.

„Was wir hier bekommen, ist keine Führerorganisation, in der über den Kopf weg bestimmt wird... Es muß eine vollständig neue Ordnung auf neuer Grundlage aufgebaut werden."

Nur wer völlig auf diesen Grundsätzen (Staatsbejahung und Lebensbejahung im obigen Sinne) stehe und bereit sei, dafür einzustehen, könne Mitglied werden, betonte er.

„Wer also nicht bereit ist, sich einzupassen, muß es lassen..."

Die Staatsbejahung war also, wie Dr. Becker deutlich machte, die Voraussetzung für die Mitgliedschaft im „Bund". Nach dem schriftgemäßen Urteil erfahrener und sachkundiger Bekenntnisleute könne man diese Bedingung ohne den Zusatz „...soweit mit der Heiligen Schrift vereinbar..." nicht unterschreiben, ohne alles zu verkaufen.

Sie erfuhr aber nicht die erhoffte Einschränkung, wurde vielmehr ganz im nationalsozialistischen Sinne ausgeweitet und festgelegt.

Viele Brüder waren enttäuscht und deprimiert. Ich war erleichtert und dankbar, daß Dr. Becker gezwungen war, eine so klare Sprache zu reden.

Seinem Vortrag schloß sich eine Aussprache an. Während dieser, ich saß an der Kanzel, begrüßte er ausgerechnet mich. Als ich ihn fragte, ob es erlaubt sei, zu seinen Ausführungen Stellung zu nehmen, erwiderte er flüsternd hinter vorgehaltener Hand: *„Die Geheime Staatspolizei ist da."*

Keine einzige Stimme wurde für die Sache des Herrn und der Versammlung laut. Es war ein jammervolles Bild; wenn ich daran zurückdenke, wie man vorher über das gute Bekenntnis, das „Zeugnis" zu reden gewußt hat...

Wohl wurden aus dem Kreis der versammelten Brüder Fragen gestellt, wozu aufgefordert worden war, aber ich erschrak schon über die erste: „Was wird aus unseren Lokalen?" – Man hatte große und schöne Lokale gebaut, auch in Elberfeld; viele waren noch ziemlich belastet. Das war also die Hauptsorge.

Ein anderer äußerte sich zur „Lebensbejahung", indem er darauf aufmerksam machte, daß der Kinderreichtum vieler Brüder doch auch keine Lebensverneinung sei; die meisten unter uns seien unbescholten und hätten kaum je mit der Polizei oder dem Gericht zu tun gehabt; man sei doch positiv zur Obrigkeit, zum Staat eingestellt.

Ihm wurde erwidert, daß es nicht genüge, sich darauf zu beschränken, nichts zu tun, was die Polizeivorschriften und Gesetze verletze bzw. dem entgegen sei, sondern es gelte, in dem heutigen Staat aktiv mitzuarbeiten.

Dr. Becker wollte uns weismachen, daß die Brüder, wenn sie früher in die SA oder NSDAP eingestiegen wären, sie diese mit dem Christentum hätten durchsetzen können.

Er hat das Verbot bejaht und sozusagen sanktioniert; es kam ihm nicht ungelegen, da er ja nicht weit davon entfernt war, wegen seiner Opposition und Kritik ausgeschlossen zu werden.

Aber offenbar sah er auch nicht die Grenzen, die wir anhand von Römer 13 versucht hatten aufzuzeigen; daß es einen Bereich gibt, in welchen der Staat nicht dreinzureden hat.

Als die Zusammenkunft zu Ende war, traf ich beim Hinausgehen einige Becker-Freunde, die wissen wollten, was ich dazu sage. „Geht mir fort mit Eurer weltseligen Botschaft! – Dann können wir ja jetzt gottselig streichen und weltselig dafür einsetzen."

Sie waren natürlich unwillig und meinten, ich glaube wohl, allein ein richtiges Urteil zu haben.

Während nun viele alte Brüder keinen anderen Ausweg sahen, als die geforderten Bedingungen anzunehmen, hatten andere noch Bedenken, indem sie Bibelstellen anführten, daß es ihnen unmöglich sei, diesen neuen Weg zu beschreiten. Aber auch von den letzteren haben sich später die meisten dem „Bund" zugewandt.

Dafür ein Beispiel: Ein lieber Bruder, der es anfänglich für unmöglich gehalten hatte, jene Bedingung des „Bundes" auf sich nehmen zu können, erzählte von den Verwandten und weinenden Schwestern, die danach drängten, doch seinen Widerstand aufzugeben...sie müßten wieder unter Gottes Wort etc...

Er gab leider nach, ging zuerst mit beschwertem Herzen und Gewissen den Weg, dann schon erleichtert, und zuletzt ging er mit gutem Gewissen und verteidigte sogar den „Bund".

Andere Unentschiedene wurden ferngehalten, weil man ihnen auf die Finger sah und die schärfsten Bedingungen stellte bezüglich des Kurswechsels um 180°, so daß sie als Voraussetzung für die Aufnahme als Mitglied des „Bundes" ihre ganze Einstellung ändern mußten.

Der Prozentsatz derer, die entschieden den „Bund" ablehnten, war äußerst gering. Wir hatten schon vorher mit nur 5 % gerechnet, und mehr sind auch wohl nicht übriggeblieben. Der Prozentsatz bei den Brüdern im Werk war noch geringer.

Gegen die Vorstellungen zur Gründung der örtlichen Gemeinden, wie sie in dem Rundbrief vom 24. Mai zum Ausdruck kam, intervenierte die „Geheime Staatspolizei in Berlin" mit Verfügung vom 3. Juni 1937:

An alle Staatspolizeistellen, Regierungspräsidenten....

Da gegen die Person und die Lehre von Dr. Hans Becker, geb. 1894, wohnhaft zu Dortmund, keine Bedenken bestehen, so ist demselben zwecks religiöser Betreuung der durch das Verbot der „Christlichen Versammlung" betroffenen Volksgenossen die Gründung eines „Bundes freikirchlicher Christen" gestattet worden;

und zwar mit solchen Mitgliedern der „Christlichen Versammlung", welche durchaus auf dem Boden der nationalsozialistischen Weltanschauung stehen und zum Teil alte Parteigenossen sind.

Die „Christliche Versammlung" ist und bleibt verboten; es sind daher auch Gründungsversammlungen des BfC, zu denen Dr. Becker in einem Rundschreiben vom 24. Mai aufgefordert hat, zu verbieten.

Die Gründung des Bundes darf nur durch Personen erfolgen, die Dr. Becker an den einzelnen Orten als Beauftragte beruft und die einen entsprechenden Ausweis Dr. Beckers vorzeigen.

Das zufolge meiner Anweisung im F.S. Erlaß vom 3. Mai beschlagnahmte Vermögen der C.V. wird freigegeben zum Zwecke der Liquidation.

Das Vermögen der C.V ist nunmehr dieser Sekte zum Zwecke der Liquidation zu überlassen.

gez. Heyderich

Darauf schrieb Dr. Richter, als Vertreter des Reichsbeauftragten Dr. Becker, an demselben Tag an alle Versammlungen:

Wir hatten gedacht, die Vertreter (die am 30. Mai in Elberfeld waren) sollten nach Kenntnisnahme der Bedingungen, an die die Regierung die Erlaubnis zur Gründung einer neuen Organisation geknüpft hat, in ihre Heimatorte zurückfahren und dort den Geschwistern die Frage vorlegen, wer bereit ist, den neuen Weg, dessen Grundlagen in Elberfeld erläutert worden waren, mitzugehen.

Gegen diese Art der Neugründung hat jedoch das Staatspolizeiamt in Berlin Einspruch erhoben.

Es sieht darin die „Gefahr einer wahllosen Aufnahme der Mitglieder der verbotenen „Christlichen Versammlung" in die neue Organisation..."

Es wird dann weiter ausgeführt, wie sich die Regierung die Bildung einer neuen Gemeinde denkt

(s. obiges Schreiben). Es soll ein Ortsbeauftragter zur Bestätigung durch Dr. Becker vorgeschlagen werden, und durch ihn die Aufnahme in den BfC beantragen. Nachdem diese Aufnahme und die Bestätigung des Ortsbeauftragten erfolgt ist, sind sie eine von der Regierung erlaubte neue Gemeinschaft, die dann weitere Mitglieder an sich ziehen kann.

Dabei soll jedoch streng darauf geachtet werden, daß nur solche Personen als Mitglieder aufgenommen werden, die völlig und ganz zu den in Elberfeld vorgetragenen Grundsätzen stehen.

Für die Einhaltung dieser Bedingung ist der Ortsbeauftragte persönlich verantwortlich...

gez. Dr. Richter

Die dann veröffentlichten Satzungen des BfC hätten abschreckend wirken und jedem die Augen öffnen müssen. Sie sprachen für sich selbst und lauteten:

I.

1. Der Bund freikirchlicher Christen ist eine Gemeinschaft von Christen, deren Glaube dem reformatorischen Bekenntnis entspricht. Dieser Glaube ist gegründet auf die Offenbarung Gottes in Jesus Christus, sowie auf die Heilige Schrift als die Kundmachung des göttlichen Willens.

2. Zweck des Bundes ist
   a) die Verkündigung der Heilsbotschaft von Jesus Christus,
   b) die Pflege des Glaubenslebens,
   c) Verwirklichung d. biblischen Einheit aller gläubigen Christen,
   d) die Ausübung christlicher Liebestätigkeit,
   e) Förderung aller Bestrebungen, die diesen Zielen dienen.

3. Der Bund ist ein eingetragener Verein und hat seinen Sitz in Dortmund. Die Mitglieder des Bundes sind an den einzelnen Orten zu Gemeinden zusammengeschlossen.

4. Eine politische Betätigung ist den Mitgliedern nur innerhalb und im Sinne der NSDAP bzw. deren Gliederungen und des Staates erlaubt.

II.

1. Dem Bund können Personen jeden Alters ohne Unterschied des Standes angehören, sofern sie
   a) auf dem gleichen Glaubensboden stehen,
   b) einen einwandfreien Lebenswandel führen und sich eines guten Rufes erfreuen,
   c) den Staat Adolf Hitlers nach bestem Können und Gewissen zu fördern bereit sind.

Die Mitgliedschaft des Bundes wird durch Aufnahme erworben. Die Aufnahme erfolgt durch Beschluß der örtlichen Gemeindeversammlung unter Bestätigung durch den Ortsbeauftragten.

2. Die Mitgliedschaft erlischt
   a) durch freiwilligen Austritt, der jederzeit erfolgen kann,
   b) durch Ausschluß.

3. Der Ausschluß hat zu erfolgen, wenn das Mitglied in offenbarer Weise mit den oben genannten Voraussetzungen der Aufnahme in Widerspruch getreten ist. Der Ausschluß erfolgt durch den Beschluß der Gemeindeversammlung unter Bestätigung durch den Ortsbeauftragten. Eine Anfechtung des Ausschlusses ist im Klagewege ausgeschlossen und wird durch eine Gemeindeordnung geregelt.

III.

1. Die Bundesleitung des BfC liegt in Händen des Reichsbeauftragten, dem ein Beirat zur Seite steht. Der erste Beirat besteht aus den Gründern des Vereins. Diese wählen den Reichsbeauftragten...

2. Der Reichsbeauftragte ist Vorstand im Sinne des BGB...

3. Die Örtlichen Gemeinden werden durch die Ortsbeauftragten geleitet. Diese werden von den Gemeindegliedern gewählt, bedürfen aber der Bestätigung des Reichsbeauftragten. Ihnen steht ein von der Gemeinde gewählter Brüderrat zur Seite. Der Ortsbeauftragte ist dem Reichsbeauftragten verantwortlich und kann von diesem nach den Bestimmungen der Gemeindeordnung abberufen werden.

4. Die Ortsbeauftragten eines größeren Bezirks wählen alle zwei Jahre einen Bezirksbeauftragten, der gleichfalls der Bestätigung des Reichsbeauftragten bedarf... Die Bezirksbeauftragten sind dem Reichsbeauftragten verantwortlich und können nach seiner Weisung mit entsprechenden Befugnissen gegenüber den örtlichen Gemeinden betraut werden.

Punkt 5 bis 8 regelt die Wahl des Reichsbeauftragten durch die Bezirksbeauftragten.

IV.

Die geldlichen Bedürfnisse werden durch freiwillige Gaben aus dem Kreis der Bundesmitglieder aufgebracht. Dem Reichsbeauftragten bzw. seinem Beauftragten steht ein Kontrollrecht über die Finanzgebarung der einzelnen Gemeinden zu.

V.

Der Reichsbeauftragte erläßt in Verbindung mit dem Beirat eine Gemeindeordnung.

*

„Staatsbejahung", die in dem Sinne dieser Grundsätze und Satzungen gefordert wurde, war nicht das, was nach Römer 13 jedem Christen oblag, sondern bedeutete eine Bejahung des Nazi-Regimes! – und das war gottlos, antichristlich. Darin eingeschlossen war die Aufgeschlossenheit für die Dinge dieses Lebens: Sport, Kultur, Wissenschaft etc...

Diese „Organisation" des Bundes wurde dann auch ganz wie angekündigt im Sinne der NSDAP aufgezogen: ein Reichsbeauftragter, ein Bezirksbeauftragter und ein Ortsbeauftragter, die im Sinne der Satzungen darüber zu wachen hatten, daß keine staatsgefährdenden oder staatsabträglichen Elemente als Mitglieder aufgenommen wurden. Die Mitgliederliste war der Polizei einzureichen, und jeder mußte ein entsprechendes Formular unterschreiben.

***

Die Juden waren selbstverständlich von der Mitgliedschaft des Bundes ausgeschlossen. Als man dem Reichsbeauftragten Dr. Becker vorstellte, daß sie doch stillschweigend den Arier-Paragraphen angenommen hätten, entschuldigte er das mit der derzeitigen Notwendigkeit. Dr. Richter, auf diese Problematik angesprochen, erklärte bei der Gründungsversammlung in Düsseldorf: „Es wird sich wohl kein Jude hierhin verlaufen." Dies war in der Tat um so weniger zu erwarten, wenn man wußte, daß in der Düsseldorfer Versammlung nicht weniger als 50 Brüder das Parteiabzeichen trugen – vorher unter dem Revers und nun aufgesteckt.

Entgegen der Beteuerung, es bleibe alles beim alten: Gottesdienst, Dienst am Wort etc... machte sich in vielem eine deutliche Wandlung bemerkbar. So zum Beispiel, wie eine einfältige Schwester mir erzählte, ein dienender Bruder, der früher vorwiegend über das Alte Testament gesprochen hatte, das gerade jetzt vermied.

Man richtete die „Zwischenwand der Umzäunung", die die „Fernen" (Nationen) von den „Nahen" (Juden), welche nach Eph. 2 abgebrochen ist, in der Praxis wieder auf, und zwar nun umgekehrt, daß man die „Fernen" als die Juden ansah, denen man aber den Zugang verwehrte.

Diese schon vor dem Verbot sich breitmachende Praxis, wie ich sie erlebte, daß ein Bruder sich in der Versammlung nicht mehr länger neben einen Judenchristen setzen wollte.

Ich wies ihn – er war in der SA – auf Römer 10 hin: *„**Da ist kein Unterschied** – und Du machst einen Unterschied, wie willst Du das mit dem Worte Gottes vereinbaren?"*

Dieses „Deutsch"- Christentum wurde nun durch die Satzungen des BfC praktisch sanktioniert. Im selben Atemzug konnte man aber die Absonderung von anderen Gemeinschaften kritisieren. Man plädierte für den Zusammenschluß mit diesen, „um endlich die Einheit des Leibes zu verwirklichen". Doch die Beweggründe dieser waren durch ihre eigenen Widersprüche leicht zu durchschauen, die die Unfähigkeit und das Unverständnis bewiesen, „auf schmalem Pfad mit weitem Herzen" zu gehen.

Ja, gerade diejenigen, die in der an sich berechtigten Kritik wegen falscher Engherzigkeit die schärfste Klinge führten und im Richten der Beweggründe anderer sehr weit gingen, ohne sich selbst genügend zu beurteilen, waren die ersten, die das Gut der Väter über Bord warfen.

Man unterschied nicht mehr zwischen kirchlicher und familiärer Einheit der Kinder Gottes, wobei man die Stelle aus Joh. 17 „...auf daß sie alle eins seien" anführte, die von letzterer redet, um den Zusammenschluß mit anderen Gemeinschaften zu begründen.

In Joh. 17 geht es aber nicht um kirchliche Einheit, sondern um die Familie, um die Kinder Gottes, die einen Vater haben, und deren Herzen durch die Liebe zu dem einen Herrn miteinander verbunden sind.

Dann bezog man sich obendrein auch noch auf die Weissagung Kajaphas in Joh. 11: „...auf daß er (Jesus) die zerstreuten Kinder Gottes in eins versammelte". Aber gerade diese Wahrheit handelt von der Sammlung der Kinder Gottes aus *Juden* und Heiden. Sie wird in Eph. 2 weiter ausgeführt, daß die aus den Nationen (Heiden) Miterben, Mitteilhaber, Mitleib sind mit den Juden, da „Christus aus beiden **eins** gemacht und abgebrochen hat die Zwischenwand der Umzäunung..."

Der Herr gab den Brüdern die einzigartige Gelegenheit zu beweisen, was ihnen diese Wahrheit wert war. Doch welch schmähliches Versagen!

Die Enttäuschung darüber kam auch aus den Reihen der Bekenntnisbewegung in dem offenen Brief „Ein Wort an die Brüder" zum Ausdruck.

Pastor Paul Kuhlmann schrieb:

Dieses Wort gilt den „Brüdern"; meinen Brüdern von der Versammlung …

Es ist uns der Weg bekannt, den die Brüder gehen oder noch gehen wollen. Sie haben sich den staatlichen Bedingungen unterworfen und bilden einen „Bund freikirchlicher Christen". Sie haben einen Reichsbeauftragten, der neben sich einen Beirat hat, der jedenfalls zunächst von der Regierung ernannt wird; dieser ernennt die Ortsleiter. Sie müssen eine Mitgliederliste führen. Weitere Verpflichtungen und Bindungen werden deutlich aus der Satzung des Bundes freikirchlicher Christen.

Darf ich mich nun in brüderlicher Offenheit und Liebe an Euch wenden und Euch die Frage vorlegen:

Ist dieses der Weg, auf dem der Herr vorangehen kann? Nur der Weg des Gehorsams ist der Weg des Segens.

Laßt mich Euch meine Bedenken sagen:

1. *Die Brüder gehen den Weg der* **Organisation***. Damit verleugnen sie ihren wichtigsten Grundsatz.*

   Das eigentliche Kennzeichen der Versammlung war die im Namen des Neuen Testaments geforderte Ablehnung jeder Organisation und jedes menschlichen Namens. Die Brüder versammelten sich im Namen Jesu und lehnten jede Gemeinde und Kirche ab, die etwas anderes lehrte und tat.

   Haben die Brüder das als einen Irrtum erkannt und eine andere Erkenntnis gewonnen, so müßten sie das offen aussprechen. Sonst wäre es ja so, daß die Brüder ihre eigentliche Überzeugung verleugneten, um weiter bestehen zu können. Oberster Grundsatz für unser Handeln muß aber immer die Wahrheit sein.

2. *Die Brüder übertragen das* **Führerprinzip** *von dem politischen auf das kirchliche Gebiet. Es heißt in Punkt V der Satzungen: „Der Reichsbeauftragte erläßt mit dem Beirat eine Gemeindeordnung." Auch andere Bestimmungen der Satzungen lassen deutlich die Geltung des Führerprinzips erkennen.*

   Damit aber tun die Brüder genau das, was seinerzeit bei uns die „Deutschen Christen" taten. Man erliegt hier zunächst einem Denkfehler. Man meint nämlich, der Führer würde da sein, wenn nur das Amt für ihn eingerichtet würde.

   In der Gemeinde Jesu gibt es wohl Männer, die das Ansehen haben, die von Gott beglaubigt werden; aber das Amt eines Führers kennt die Gemeinde Jesu nicht. Maßgebend ist hier vielmehr das Wort Jesu: „Ihr sollt Euch nicht Meister nennen lassen, denn einer ist euer Meister, Christus. (Matth. 23, 10) In dem Kreise derer, zu denen er gesagt hat: „Ihr seid alle Brüder" (Matth. 23, 8) hat der Führergedanke keinen Raum.

3. *Eine gemeinde- und kirchenfremde Stelle regiert also hinein in die Gemeinde des lebendigen Gottes. Die Gemeinde ist nur ihrem Herrn und Heiland hörig. Die biblische Gemeinde hat einen Namen. Sie heißt die Gemeinde Gottes oder Jesu Christi (1. Kor. 1, 2; 2. Kor. 1, 1; 1. Thess. 1, 1).*

   Der Name sagt, wessen Eigentum die Gemeinde ist. Sie ist Jesu seliges Eigentum. Sie gehört dem Herrn.

   Sie ist deshalb ihm allein hörig. Um Seinetwillen dient sie der Welt und den Brüdern, dem Einzelnen wie dem ganzen Volke. Keiner von denen, denen der Dienst gilt, darf seinerseits von der Gemeinde Jesu solchen Dienst fordern oder erzwingen wollen... Es liegt tief unter der Ehre und Würde der Gemeinde, einem Menschen oder einer irdischen Größe hörig zu sein.

   „Nach keinem Mann, nach keinem Ort soll je sich die Gemeinde nennen."

Wir kennen keine lutherische und auch keine deutsche Ge-
meinde; wir kennen nur eine <u>Gemeinde Jesu Christi</u>. Die Ge-
meinde, die sich irgendeiner irdischen Größe verkauft, heiße
sie nun Volk oder Staat, heiße sie Luther, heiße sie Calvin,
heiße sie Papst, ist nicht mehr die Braut des Lammes.

4. *Unter Punkt II, 1b der Satzungen heißt es, daß dem Bunde*
   nur solche Personen angehören können, die einen einwand-
   freien Lebenswandel führen und sich eines guten Rufes erfreu-
   en. Daß gläubige Christen bemüht sind, vorsichtig zu wan-
   deln, ist selbstverständlich. Aber erfreuen sich denn alle eines
   guten Rufes, die mit ihrer Bekehrung zu uns kommen aus der
   Sünde, der Welt und der Schande heraus?
   Sollen also die Zöllner und Huren, wenn sie sich bekehren,
   nicht Glieder der Gemeinde werden können?
   Will hier der „fromme" Mensch seinen Abstand wahren von
   dem „Sünder"?
   Dann würden die Satzungen in diesem Punkt dem Geist und
   der Gesinnung Jesu völlig widersprechen.

5. *Weiter wird in den Satzungen (II, 1c) gesagt, daß die Glieder*
   des Bundes bereit sein müssen, den Staat Adolf Hitlers nach
   bestem Können und Gewissen zu fördern. Wir sagen nichts
   gegen den Staat Adolf Hitlers, aber wir fragen:
   Darf die Aufnahme in die Gemeinde von der Erfüllung einer
   politischen Bedingung abhängig gemacht werden?
   Man darf sich auch nicht auf Römer 13, 1 berufen; denn das,
   was hier gefordert wird, geht weit über das hinaus, was der
   Apostel Paulus von den gläubigen Christen verlangt.

6. *Nach II, 2 erfolgt die Aufnahme durch Beschluß der örtlichen*
   Gemeindeversammlung, unter Bestätigung durch den Ortsbe-

auftragten. Wenn nun ein Gläubiger aus Israel sich zur Auf-nahme meldet, wird der Ortsbeauftragte ihn auch bestätigen? Oder wird er die Bestätigung verweigern im Blick auf den Staat? Wir fürchten, daß die Brüder der Versammlung von den „Deutschen Christen" nicht nur das Führerprinzip, son-dern auch das unbiblische Rasseprinzip übernehmen wollen. Für die Gemeinde des Herrn gilt: **Hier ist kein Jude, noch Grieche, hier ist kein Knecht noch Freier, hier ist kein Mann noch Weib; denn ihr seid allzumal Einer in Christo Jesu.** *(Gal. 3, 28) Ich bitte die Brüder, diese meine Bedenken zu erwägen.*

Paul Kuhlmann, Barmen

Man hörte öfter: „Gott hat uns doch eine Tür aufgetan... Er hat uns doch den Weg gezeigt – warum wollten wir ihn nicht gehen, warum wollten wir die Tür nicht benutzen?!"

Darauf habe ich erwidert: „Ich glaube auch, daß Gott das Ver-bot nicht nur zugelassen, sondern so gefügt hat. Aber ich ziehe eine andere Folgerung daraus; nämlich die, *„...um dich zu versuchen, um zu erkennen, was in deinem Herzen ist, ob du beobachten wirst..."* im Sinne von 5. Mose 8.

Ich wurde in diesen Tagen öfters gefragt, was ich von Dr. Bec-ker halte und wie ich sein Verhalten erkläre, weil man mich we-gen meiner Teilnahme an den Zusammenkünften in Hohegrete mit ihm befreundet glaubte. Seine Persönlichkeit erweckte Ver-trauen; wer vorher mit ihm bekannt war, der konnte ein – wegen der mit seinen Bestrebungen laufenden Gefahren berechtigt er-scheinendes – Mißtrauen nur schwer aufkommen lassen. Dr. Be-cker hat sein Desinteresse an einer Aufhebung des Verbotes offen bekundet.

Im Kreise seiner Freunde war auf der letzten aufgeflogenen Hohegrete-Konferenz die Stimmung losgebrochen: „...es wäre ohnedies nicht mehr weitergegangen, es wäre eine Erlösung von Dogmatik und Gewissenszwang, von Mißgunst und Streit, von all den unhaltbaren und auf die Dauer unerträglichen Zuständen..."

Becker sollte und wollte seine Hand nicht bieten zu Verhandlungen, die die Wiederaufrichtung des „alten Systems" zum Ziele hätten; eines Systems, das morsch geworden und dem Gericht anheimgefallen war, das er schon scharf bekämpft hatte.

Ich habe ihm schon früher brieflich das traurige Ende der Entwicklung der Dinge angekündigt und ich glaube, daß Gott den Bruch Dr. Beckers mit den „Brüdern", der unvermeidbar geworden war, durch Sein Dazwischentreten gnädig verhütet hat. Das habe ich ihm auch gesagt.

Leider haben die Brüder, auch die einsichtigsten Alten, den Ruf zur Buße, der öfter an alle erging, u.a. durch Hch. Ruck 1934 in Dillenburg, durch Bruder v. Kietzell in seinem Brief vom 22. Sept. 36, überhört, weil sie die Wirklichkeit nicht sahen und sich an etwas klammerten, was längst entschwunden war.

Wie wenig mehr das Wort in Hes. 44, 23 verwirklicht wurde, wie sehr das Bild Jer. 6, 14 und Hes. 22, 26 entsprach, und was man sich alles leistete, um des äußeren Zusammenhaltes willen, das war mir in schmerzlicher Weise durch ihr Vorgehen in der Frankfurter Sache erschreckend deutlich geworden. Deshalb erkenne ich aber Dr. Becker noch lange nicht das Recht zu, in der Art und Weise, wie er es in Elberfeld getan hat, über *die* Gericht zu halten, die nach seiner Meinung es verschuldet hatten; als ob er oder irgendeiner daran unbeteiligt gewesen wäre.

Wie viel Ungerechtigkeit auf der ganzen Linie, wie viel Götzendienst (Verehrung der Götter dieser Welt: Mammon und Moloch – der Gott der Gewalt und des Krieges – vgl. 3. Mose 20, 1-8; Ps. 106,35-38: Apg. 7,43; 1.Kor.10,7.14; Eph.5,5; 1.Joh.5, 9.21), das scheint Dr. Beckers Wahrnehmung ganz entgangen zu sein. Im Punkte Weltförmigkeit, wie überhaupt über Wesen und Charakter der „Welt" scheint er völlig blind gewesen zu sein, wie seine weltselige Botschaft in Elberfeld bewies. Nachdem ich seine Einstellung zum gegenwärtigen Zeitlauf erfahren hatte, wunderte mich's nicht.

Wenn er „Welt" gleich „sittlich Bösem" setzt, dann verstand ich schon, daß er folgerichtig alles bejaht, was nach seinen Begriffen nicht sittlich böse ist; die Absonderung von dem Wesen, dem Geist und den Grundsätzen der Welt als System, in dem sich der Wille des natürlichen Menschen hin zu dem Ergebnis aus Offb. 13 entfaltet, war dann mißverstandene Heiligung und falsche Weltflucht, auch wenn sie in der Erkenntnis eines von der Welt verworfenen Heilandes und im Gehorsam gegen Gottes Wort (z.B. 2.Kor.6,17) geschah.

Dann konnte man tatsächlich gottselig streichen und weltselig leben; dann werden wir nicht verfolgt (2.Tim.3, 1.12), sondern anerkannt werden, wenn man, Dr. Beckers „Ideen" folgend, sich mit ihm auf die neue Grundlage stellte. Darin lag und liegt der letzte Grund für das Versagen auf der ganzen Linie.

Zitate von J.N.Darby:
Ich erinnere mich, daß gesagt worden ist

„... *daß unser Verzicht auf die Welt und der Welt Verzicht auf uns zwei grundverschiedene Dinge sind. Das letztere legt in uns alle Wurzeln der eigenen Geltung bloß, die viel tiefer sitzen als wir ahnen."* –

Und: *„Wohl dran sein in der Welt ist nicht wohl dran sein im Himmel."*
Ferner über die Ursache des Mangels an göttlicher Energie:
„Wo immer (in der Ekklesia) der Charakter des <u>Reichtums</u> fortdauert, da schwächt er die Tatkraft der Ekklesia Gottes."

Und dieses Wort noch über menschliche Anstrengungen:

"<u>Gott</u> ist uns Zuflucht und Stärke, eine Hilfe, reichlich gefunden in Drangsalen.... Menschliche Anstrengungen schließen die Hilfe aus (aus dem Heiligtum)...

Kein menschliches Planen ist jemals richtig. Zu Seiner eigenen Zeit und auf Seinem Wege wird Gott ins Mittel treten...

Menschliche Anstrengungen erweisen Mangel an Glauben und Ratlosigkeit, und Plänemachen ist eitel Fleisch." JND

Aber die „Ideen" eines Darby waren ja zu weltfremd, und deshalb mußte man sie, wenigstens die „weltanschaulichen", logischerweise ablehnen. Dr. Becker zog eine konsequente Linie.

Es geht tatsächlich nicht, in der Welt etwas zu sein und zu gelten und dabei nicht weltbejahend sein zu wollen; man muß dann, wenn man ehrlich ist, seine Stellung in und zur Welt nach der Schrift revidieren. Oder aber, wie Dr. Becker, aus seiner weltmännischen Stellung die Konsequenz ziehen und mitmachen!

Ich bedauerte seine Verirrung und verachtete die weltselige Predigt. Das war nicht mehr das „Bild (Umriß, Form, Muster) gesunder Worte", wie wir von Paulus gehört haben und festhalten sollen (2. Tim. 1, 13), nicht mehr das *„Bild der Lehre", worin ihr unterwiesen worden seid, dem wir* **von Herzen gehorsam** *geworden sein sollen.*

„Siehe, alles ist neu geworden, das Alte ist vergangen", so konnte man im umgekehrten Sinn über den „Neuen Weg" schreiben.

Alle alten Grundsätze wurden erweicht, nicht nur bei den neuen Leitern, sondern auch bei denen, die bisher als Führer angesehen und respektiert worden waren, von einzelnen Ausnahmen abgesehen.

„Aber, wir können doch wieder zusammenkommen", war die Rede, und: *„Der Name ist doch so schön".*

„Ja, wenn wir mal das **Bild** *anbeten oder Christus verleugnen sollen, dann, ja dann werden wir uns abwenden" (2. Tim. 3, 5).*

Man merkte nicht mehr, wie man immer mehr in die Versuchung hineinkam, indem man fragte, „Was wird aus unsern Kindern?", aber nicht: „Was sagt das Wort Gottes?"

Das Mitgefühl mit weinenden Schwestern beeinflußte die Haltung, die doch in solchen Fragen nur durch das Wort der Wahrheit bestimmt sein darf. Solange also nicht der gröbste, vollendete Götzendienst und Abfall gefordert wurde, suchte man zu retten, was zu retten war.

Es war natürlich leichter, sich mittreiben zu lassen, als standhaft den Boden des Wortes Gottes einzunehmen; dazu gehört Glauben und Kraft und die entschlossene Opferbereitschaft der Väter – und die hatten wir nicht. Dieser Mangel war auch, soviel ich sah, der eigentliche Grund für die Geringschätzung des Christentums seitens der Welt; nicht etwa der fehlende Wetteifer um irdische Ziele in der Welt, wie v. Kietzell in einem Leitartikel vom Januar 1937 meinte.

***

Inzwischen waren Vereinigungsbestrebungen mit den „Offenen Brüdern" im Gange, nicht etwa, wie gerne von beiden Seiten behauptet wurde, als eine Wirkung vom „Heiligen Geist", sondern weil die Gestapo auch den „Offenen Brüdern" die Pistole auf die Brust setzte: „Wenn ihr euch nicht mit dem Bund zusammentut, dann habt ihr aufgehört zu existieren."

Im August fand eine Besprechung mit den „O.B." in Kassel statt, unter dem Motto: „Bruder wolle zum Bruder!". Man begnügte sich mit einigen Erklärungen der „O.B." hinsichtlich der Punkte, die bis dahin Grund zur Trennung waren. „Och", sagte man, „was da vor 90 Jahren geschehen ist, können wir heute nicht mehr feststellen, dafür sind wir auch nicht verantwortlich." War das so? War die Trennung vom Jahre 1848 bloß eine Folge fleischlicher Tätigkeit auf beiden Seiten? – (wie man neuerdings behauptete).

Der geschichtliche Vorgang, wie ihn auch die Millersche Kirchengeschichte berichtet, war so:

In der großen Versammlung in Plymouth in England war ein gewisser B.W. Newton. Derselbe war schon lange eine ernste Ursache der Beunruhigung unter den Brüdern, weil er die Freiheit des Dienstes in der Versammlung eigenwillig regelte, indem er die einfachen Brüder vom Dienst am Wort ausschaltete, so daß nur einige Schriftgelehrte autorisiert waren. Die Brüder sahen darin eine Preisgabe der Grundsätze der Versammlung, womit sie sich nicht einsmachen konnten. Nach langem Zuwarten und vielen vergeblichen Vorstellungen trat dann die Spaltung in Plymouth ein.

Kurz danach äußerte Newton mündlich und schriftlich lästerliche Ideen über die Person des Herrn, wodurch er als Irrlehrer und Ketzer offenbar wurde.

Er lehrte nämlich u.a., Jesus sei wegen Seiner Beziehung zu Adam auch dem Todesurteil unterstellt gewesen, wie auch dem Fluche und der Verdammnis, wie alle Menschen.

Christus habe die Erfahrung eines unbekehrten aber auserwählten Menschen gemacht; als von Adam und als Jude geboren wäre Er dem Zorne und Mißfallen Gottes ausgesetzt gewesen (das alles unterschied er von den sühnenden Leiden am Kreuz).

Er wäre weiter von Gott entfernt gewesen als Israel, als dieses Volk das goldene Kalb machte usw.

Mit diesen ketzerischen Lehren wagte er es, über die heilige Person des Sohnes Gottes zu reden.

Nun ereignete sich der schwerwiegende Fall, daß die Versammlung in Bristol (es war dies die ehemalige Baptistengemeinde in der Bethesda-Kapelle unter Leitung von Bruder Georg Müller, die <u>geschlossen</u> zu den „Brüdern" übergegangen war; was später als Fehler bekannt wurde, weil die „Glieder" eben nicht einzelpersönlich zugelassen wurden, sondern in der Gesamtheit, wodurch schon der Keim der Zersetzung in ihre Mitte gekommen war) Freunde Newtons zum Tische des Herrn zuließ.

Man fand es in Bethesda zunächst nicht einmal für notwendig, die Lehren Newtons zu prüfen, wurde dann aber doch dazu gezwungen.

Zehn der dort führenden Brüder haben in einem Brief, als „Brief der Zehn" bekannt, die Lehren Newtons zurückgewiesen und verurteilt, aber zugleich Grundsätze aufgestellt, mit denen die „Brüder" nicht einverstanden sein konnten. Bethesda, insbesondere Bruder Georg Müller, vertrat den Standpunkt, daß, wenn jemand persönlich erkläre, diese Lehre Newtons nicht zu haben, es keinen Grund gebe, ihm die Gemeinschaft am Brotbrechen zu verweigern.

Sodann vertraten sie den Grundsatz der Unabhängigkeit der örtlichen Versammlungen. Der erste laxe Grundsatz öffnete dem Eindringen des Sauerteiges Tür und Tor – daher „Offene Brüder"; der zweite verhinderte, den Bösen hinauszutun. Kamen also Brüder aus Plymouth nach Bethesda, wie es geschah, so ließ man sie ohne weiteres ansitzen, obwohl man wußte, daß sie mit Newton Umgang pflegten.

Oder der andere Fall, daß jemand in London ausgeschlossen wurde, so konnte er in Bristol (Bethesda) grundsätzlich zugelassen werden. *(nach P. Tapernoux)*

Die „Brüder", insbesondere Bruder Darby, verurteilten dieses Abweichen von den biblischen Grundsätzen als Abtrünnigkeit.

Es kam dann 1848 zur Trennung mit Bethesda, welches an den laxen Grundsätzen festhielt und praktizierte – in all den Jahrzehnten, ohne daß sie je widerrufen worden sind.

In einer Schrift „Neutralität oder Treue" sagt der Schreiber, der über 30 Jahre mit den „Offenen Brüdern" Gemeinschaft hatte, daß dort, als Folge des „Neutralitäts"-Standpunktes, in manchen Fällen absolute Gewissenlosigkeit herrsche in bezug auf die Zucht der Versammlung und Reinheit des Tisches des Herrn.

Im Jahre 1936 stellte aber Bruder Warns, Lehrer an der Bibelschule Wiedenest, in seiner Schrift „Georg Müller und J.N. Darby" die Trennung so dar, als sei sie eigentlich nur auf die gegensätzlichen Kirchenbegriffe der beiden zurückzuführen, wobei Georg Müller den evangelischen, biblischen Begriff vertreten habe, Darby den katholischen.

Bruder Warns wußte in dieser Schrift viel Bedeutendes über das Wirken und die Erfolge Georg Müllers, mit Zahlen belegt, zu berichten, während Darbys Dienst nicht in dieser Weise nachgewiesen werden konnte.

Eine Erwiderung auf diese Schrift wurde auf Vorschlag von Bruder Wilhelm Brockhaus seinerzeit Bruder Johannes Menninga übertragen, welcher eine solche auch verfaßte. Sie wurde aber nicht mehr veröffentlicht, da Bruder Warns im Januar 1937 heimging.

In einem Brief vom 25. Sept. 37 schreibt Bruder Menninga:

Vor einem Jahr bat man mich (Veranlasser Wilhelm Brockhaus) auf der Dillenburger Konferenz, eine Entgegnung auf die bekannte Streitschrift „Müller und Darby" zu schreiben. Ich habe dieses getan.(Es sind ungefähr 50 Seiten). Bruder Schwefel, der eine Abschrift in Maschinenschrift empfangen hatte, sagte mir: „Darin hat der Herr Dich augenscheinlich geleitet."

Bei der Gebetsversammlung in Siegen (Dez. 1936), wo die Erwiderung im Kreise von 15 Brüdern besprochen wurde, wurden schon allerlei Einwendungen gegen die Veröffentlichung gemacht, und als dann Bruder Warns heimgegangen war, wurde in Elberfeld nach der Konferenz beschlossen, die Erwiderung nicht zu veröffentlichen.

Nach den später eingetretenen Ereignissen sind mir manchmal Gedanken gekommen, ob die Gründe der Nichtveröffentlichung nicht tiefer gelegen haben.

Noch am 29. April sagte Bruder Hartnack zu mir: „Es wäre doch schade, wenn nicht Deine Schrift, wenigstens die Teile, die die Lehre betreffen, den Geschwistern zugänglich gemacht würde."

Als ich sagte: „Wer will das tun?" antwortete er: „Wenn Elberfeld es nicht tut, tun wir es." Und jetzt ist er Mitunterzeichner des Abkommens (zwischen den Führern des BfC und den „Offenen Brüdern").

Der Zusammenschluß mit den „Offenen Brüdern" wurde nun im November 1937 endgültig vollzogen, und zwar keineswegs vom Geiste Gottes gewirkt, sondern durch den Gestapo-Geist.

Führende „Offene Brüder" gaben in einem Rundschreiben offen zu, daß ihnen keine andere Wahl geblieben sei. Wenn sie diesen Zusammenschluß abgelehnt hätten, würden sie alle Folgen eines Verbotes zu tragen gehabt haben.

***

Viele angesehene Brüder aus anderen Ländern haben in Briefen und Broschüren zu den Vorgängen in Deutschland Stellung genommen, fanden aber kein Verständnis bei den Führern des Bundes. Nicht nur das nicht; den ausländischen Brüdern wurde zum Teil spöttisch geantwortet, und man unterstellte ihnen, daß sie, wenn sie nicht Opfer eines Mißverständnisses seien, so doch in völliger Unkenntnis der Sachlage die Dinge beurteilten.

Auf der Züricher Konferenz Ende August 1937 kam man einmütig zu dem Urteil, daß die vom BfC aufgestellten Satzungen abzulehnen seien. Man setzte einen kurzen Bericht auf, in welchem es u.a. hieß:

> *„Die Treue zum Herrn und die Liebe zu ihren Brüdern verpflichtet sie, ihrer Mißbilligung Ausdruck zu geben bezüglich des neuen Weges, welchen die Brüder betreten haben, die sich auf einen Boden stellten, auf dem wir ihnen nicht folgen könnten. – Sie warten jedoch auf den Herrn.*
> *Es liegt ihnen daran, zu den Gewissen und Herzen unserer deutschen Brüder zu reden und sie zu gewinnen. Sie haben es für gut befunden, einige unter uns zu bitten, eine Anzahl verantwortlicher deutscher Brüder in nächster Zeit zu besuchen...“*

Daraufhin kam Anfang September eine Abordnung von neun Brüdern direkt aus Zürich, und zwar: J. Voorhoeve und Tiesema aus Holland, Ralph und Delamur aus England, Gschwind und Wittmeier aus der deutschen Schweiz sowie Phil. Tapernoux aus Vevy und Gibert aus Lyon, und Hengefeld aus Belgien.

Diese hatten am 3. Sept. 37 eine längere Aussprache mit den Führern des BfC in Elberfeld. Letztere hatten offenbar einen günstigen Eindruck bei den ausländischen Brüdern hinterlassen; dies um so mehr, als man jenen den Beschluß von Kassel, der Zusammenschluß mit den „Offenen Brüdern“, sorgfältig verborgen hatte.

Am nächsten Tag fand eine Besprechung statt zwischen den ausländischen Brüdern und denen, die nicht den Weg des Bundes gingen; es waren anwesend: J. Menninga und Menge aus Hagen, Ernst Berning und P. Timmerbeil aus Schwelm, Felix Brockhaus und G. Löwen sowie M. Theis aus Wuppertal, und Christian Groß und ich aus dem Siegerland; auch genau neun Brüder.

Bruder J. Voorhoeve, als Wortführer, machte eine lange Einleitung über die Vorgänge der letzten Wochen und den Zweck ihres Besuches. Dann wollte er uns auf gefühlvolle Weise zum Kompromiß gewinnen, nach einer Möglichkeit des Zusammengehens zu suchen.

Nach ihrem Eindruck sei Dr. Becker doch zugänglich und auch bereit, das, was uns anstößig sei, nach Möglichkeit zu mildern (man ging fälschlicherweise davon aus, daß Becker außer den Forderungen der Regierung noch eigene Bedingungen hinzugefügt habe) und machte uns gleichzeitig Vorhaltungen über mangelnde Verständigungsbereitschaft zu den anderen.

Er frug uns:

„Haben die Brüder getan, was sie konnten, um die Herzen der Brüder (BfC) zu erreichen? – Wir haben den Eindruck bekommen, es ist viel geschrieben worden, was nicht gut war und zur Entfremdung gedient hat...“

„Es wäre besser, man redete miteinander“, fuhr er fort.

„Wir standen in Zürich vor der Frage: Was sollen wir tun? Und kamen zu dem Ergebnis: Wir wollen nicht schreiben sondern handeln nach dem Prinzip in Matth. 18: „Gehe hin, gehe hin...“

Wir sind aus den verschiedenen Ländern gekommen, um zu den Herzen der Brüder zu reden; das schien uns der einzige Weg, die Herzen und die Gewissen zu erreichen.“

Wir sollten, meinte er, anstatt das Trennende hervorzukehren, das Einigende suchen.

„Wenn es, wie in dieser Sache, so liegt, daß nicht die Person des Herrn in Frage steht, und es nicht um Grundwahrheiten geht, dann kann doch wohl eine Möglichkeit des Zusammen-

gehens gefunden werden. Man muß bereit sein, einen Weg
zu finden.
Wenn es der Fall ist, daß die Wahrheit Gottes angegriffen
wird, dann können wir keinen Schritt weichen, dann müssen
wir tadeln und bestrafen, dann gibt es nur eines: zurückkeh-
ren zur Lehre."

Er sagte das, obwohl dieser Fall ja seiner Ansicht nach nicht gegeben war. Er ging eben davon aus, es handle es sich in dieser Sache
um einen Brüderzwist.

Darauf erwiderte Bruder J. Menninga:
„Wir sind den Brüdern sehr dankbar, daß sie aus den ver-
schiedenen Ländern gekommen sind, um uns ihre Liebe zu
beweisen und sich mit unserer so traurigen Angelegenheit zu
beschäftigen.
Zu der ersten Frage möchte ich sagen, daß es da oft an man-
chem gefehlt hat;
daß manches hätte unterlassen werden können, was dazu
angetan war, die Herzen zu trennen; und manches hätte ge-
schehen können, daß sich die Herzen zueinander fanden. –
Die Brüder waren sich bis dahin immer einig, außer im Falle
Dr. Becker.
Von da aber kam Uneinigkeit unter die Brüder.
Als nach dem Verbot einige Brüder die Sache in die Hand
nahmen, hat man gesagt, daß man bei der Staatsbehörde vor-
stellig werden müsse, um die Gründe des Verbots zu erfahren.
Von da ab hat man uns im Dunkeln gelassen, bis wir durch
den Rundbrief vom 24. Mai vor vollendete Tatsachen gestellt
wurden.
Wir ersahen daraus mit Erstaunen und Schmerz: Man verur-
teilt den ganzen Weg, den wir bisher zusammengegangen sind

und die ganze Stellung, die wir eingenommen haben.

Als ich das las, bebten mir die Knie; ich war ganz erschüttert, habe zu Gott geschrieen, da, wo keine Menschen mich sahen.

—

In Elberfeld, am 30. Mai, wurden wir vor das Entweder — Oder gestellt: Wer glaubt, nicht mitgehen zu können, der mag es lassen. Diskussion war nicht gestattet.

Nachdem einige Fragen gestellt wurden, hieß es: Die Versammlung ist geschlossen.

Was den Vorwurf wegen der Briefe, die dann geschrieben wurden, betrifft — ich bekenne mich zu meinem Briefe. Er wurde auf Wunsch mehrerer Brüder niedergeschrieben.

80-90% der Geschwister wußten um nichts; das bestätigten mir Stöße von Briefen, die ich aus allen Teilen des Reiches bekommen habe, mit Anfragen über die Zusammenhänge und der Bitte um Aufklärung.

Wenn es sich darum handelt, daß wir den neuen Weg nicht mitgehen können — ich kann Ihnen nicht sagen, welchen Kampf es mich vor dem Herrn gekostet hat, bis ich nach reiflicher Prüfung zu dem Entschluß kam — das geht nicht!

Und mein Gewissen beschweren, nein, das kann ich nicht. Es ist doch viel leichter, den „neuen Weg" zu gehen; dazu gehört kein Glaube!

Wenn ich meinen Gefühlen folgte, würde ich morgen am Tage meinen Eintritt erklären. Aber sie wollen mich wahrscheinlich auch gar nicht haben."

Bruder Tiesema sprach anschließend im selben Sinne wie Bruder Voorhoeve, indem er die Gegensätze aus der Entfremdung konstatierte, ohne deren Ursache ins Auge zu fassen.

Zu dieser Anschauung gab den ausländischen Brüdern allerdings die Rede von Bruder Berning weiteren Anlaß, der schon bereit war, den „neuen Weg" mitzugehen, wenn nicht die behördlichen Forderungen, wie auch er annahm, erweitert worden wären und Dr. Beckers Haltung anders sei. Er bemerkte, daß viele das Empfinden gehabt hätten, daß Dr. Becker mit rauher Hand und lieblosen Gefühlen alles zerschlagen wollte, was bestanden hat...

Bruder Christian Groß gab aus seiner Erfahrung einiges aus Unterredungen mit Ortsbeauftragten und führenden Brüdern wieder, welche trotz des Eingeständnisses mancher schriftwidriger Dinge und vieler Unzulänglichkeiten behaupten, den neuen Weg mit gutem Gewissen gehen zu können; dabei natürlich die ganze Sache zu verharmlosen suchen und allen Einwendungen mit der Versicherung begegnen: Es bleibt alles beim alten! –

„Die ernstesten Bedenken sucht man zu zerstreuen", bemerkte er.
„Zum Beispiel, daß die Denkschrift durch Unterschrift anerkannt werden muß; daß die letzte Entscheidung darüber, wer Mitglied wird und somit auch über die Teilnahme am Brotbrechen, bei der Behörde liegt, (indem man aber dieses Recht in die Hände der Menschen oder gar der Welt gibt, leugnet man praktisch die Rechte des Herrn über Seinen Tisch); daß ferner in gleicher Weise durch die Bestimmungen über den Dienst und die Erlaubnis zum Dienst die alleinigen Rechte des Herrn in Frage gestellt, bzw. in der Gemeinde nicht anerkannt werden. Die Brüder werden das verstehen: wir können das nicht so leicht hinnehmen."

Nachdem Bruder M. Theis seine Auffassung über einige Punkte dargetan hatte, äußerte Bruder Löwen, die Ursache des Verbotes liege tiefer:

„...weil seit Jahrzehnten nicht mehr die Treue gefunden wird zu dem Zeugnis, das uns anvertraut war, weil der Wandel allgemein nicht mehr in Übereinstimmung damit war.

Das Verbot haben wir nicht als von der Regierung gekommen anzusehen, sondern als von Gott. Warum?

Nicht aus den Gründen, die Dr. Becker nennt, sondern weil wir ein besonders hohes Bekenntnis hatten, dem wir in besonderer Treue hätten entsprechen müssen."

Dem fügte ich hinzu:

„Ich glaube auch, daß Gott von uns allen Buße und Reinigung erwartet und jetzt durch diese schwere Züchtigung das bewirken möchte, was Er früher in Güte nicht erreichen konnte. weil wir den Dingen nicht auf den Grund gingen."

Ich wies darauf hin, daß Gott in den letzten Jahren öfter sehr ernst zu uns geredet habe, anfangend von der Siegener Gebetswoche 1933.

„Gott hat in Gnade wiederholt Licht auf den wirklichen Zustand geworfen und zur Buße rufen lassen. Es wurde auf den Konferenzen immer wieder davon gesprochen, wie niedrig der Zustand und wieviel Ursache zur Beugung und Demütigung sei, aber den Ruf zur Buße haben die Brüder im allgemeinen überhört, weil sie die Wirklichkeit nicht sahen oder nicht wahrhaben wollten und sich und andere täuschten...

Wir wollen uns wohl der herrlichen Wahrheiten und Vorrechte, die der Herr durch unsere Vorväter vor 100 Jahren neu vermittelt hat, der Stellung in Christo im Himmel erfreuen, aber wir haben die praktische Seite des Kreuzes Christi, das uns auf der Erde den Platz anweist, den Er eingenommen hat, und uns hier zu Fremdlingen und Zeugen macht, mehr oder weniger aus dem Auge verloren.

Nicht so unsere Vorväter; bei ihnen verband sich mit der Erkenntnis der Glaube, und mit den erkannten Grundsätzen die Kraft zu deren Verwirklichung.

Wo ist bei uns der Glaube und die Kraft der Gottseligkeit zu sehen?"

Bruder Geschwind wandte ein:
„Ich muß sagen, ich bin ganz der Meinung, die im Blick auf die großen Schwierigkeiten zum Ausdruck gekommen ist, aber... wenn es irgendeine Möglichkeit gibt, wieder zusammenzukommen, dann soll man die doch erwägen.
Ich erinnere an ein Wort aus Matth. 5: „Wer irgend dich zwingen wird, eine Meile mit dir zu gehen, mit dem gehe zwei!"
Sollen wir wieder eine weltweite Trennung machen?", fragte er.

(Ich hatte einige Tage später Gelegenheit, mich mit ihm auszutauschen und habe ihm vorgestellt, daß man doch nicht jede Stelle auf jeden Fall anwenden könne. In demselben Kapitel, Matth. 5, stehe auch das Wort: *„Widerstehe nicht dem Bösen."* Wollte man das auf kirchliche Verhältnisse abwenden, wo bliebe dann die Kirchenzucht?)

Auf die Bemerkung von Bruder Menninga, wir wollten uns dem nicht verschließen, aber es müsse eine gesunde Grundlage da sein, stellte Bruder Voorhoeve ihm vor, wie Paulus gehandelt habe, wie er den Juden wie ein Jude geworden sei, um uns zu zeigen, wie wir uns um die Brüder von der Bundesleitung bzw. vom Bund bemühen sollten.
Bruder Menninga schwieg.
Als keiner mehr etwas sagte, habe ich gewagt zu sagen: „Aber Bruder Voorhoeve, wir sind doch heute in einer ganz anderen Situation als Paulus vor etwa 2000 Jahren; bei Paulus handelte es sich um darum, die im Judentum gefangenen Seelen herauszuführen, sie davon zu befreien, sie vom Judentum loszulösen; während wir heute, nach 2000jähriger Evangeliumsverkündigung

mit dem Abfall vom Christentum und dem Geiste Babylons zu tun haben; und wenn es sich für uns darum handelt, diesem Geist und diesen Grundsätzen nachzugeben, da gibt's doch keine Konzessionen!"

„Keine Konzessionen!", echote Bruder Tapernoux (aus der frz. Schweiz) unter Zustimmung von Bruder Gibert. Diese beiden waren die einzigen, die Verständnis für unseren Standpunkt zeigten und uns ermutigten, auf dem eingeschlagenen Pfade zu verharren.

Bruder Gschwind stellte uns im Blick auf das Zusammengehen mit den BfC zwei Wege vor: *„1. Sie können sagen: laßt den Wagen laufen, oder 2. auf den Wagen steigen und sehen, wo es hingeht."*

Oh, dachte ich bei mir, wenn dann der Wagen in rasende Fahrt kommt, wie kommen wir dann wieder runter?

Bruder Gschwind fuhr fort:

„Paulus sagte: Alle, die in Asien sind, haben sich von mir abgewandt... Er hat das alles ausgekostet und viel tiefer empfunden, als wie Sie dies empfinden, liebe Brüder, und doch wurde seine Liebe nicht geschwächt. Und wenn jetzt ein Weg geöffnet würde, der für uns gangbar wäre, dann dürft Ihr nicht zurückbleiben! Natürlich dürft Ihr nichts gegen die Wahrheit tun." –

Als Bruder Menninga u.a. die ausländischen Brüder fragte: *„Wie weit kann man gehen mit der Vereinigung mit den „Offenen Brüdern"?",* antwortete Bruder Voorhoeve: *„Das ist schwer zu sagen, weil wir sie (die O.B.) hier nicht kennen."*

Bruder Menninga holte nach: *„Dann möchte ich gerne von den Brüdern wissen, wie Sie handeln bzw. sich verhalten würden; ob Sie in Ihren Ländern ein Zusammengehen mit den Offenen Brüdern für möglich halten?"*

Darauf Bruder Voorhoeve: *„Wir in Holland nicht, aber in Deutschland könnte es vielleicht anders sein..."*

Dazu bemerkte Bruder Tapernoux: *„Es könnte möglich sein, daß mancherorts ihre Stellung anders geworden wäre... Wir wissen andererseits ganz bestimmt, daß es etliche unter ihnen gibt, die die ewige Verdammnis leugnen und die Allversöhnung lehren. Ich weiß, daß eine der Versammlungen der „Offenen Brüder" einen solchen ausgeschlossen hatte; danach ging er in eine andere Versammlung und wurde dort wieder zugelassen."*

Auf der für den nächsten Tag, Sonntagnachmittag anberaumten Zusammenkunft mit den Führern des Bundes, die von Bruder Ernst Berning inszeniert war, sollten wir auf Drängen der ausländischen Brüder unsere Bereitwilligkeit für eine Verständigung bekunden, obwohl uns – außer E. Berning – bis dahin die Voraussetzungen dazu nicht gegeben schienen.

Die Aussprache mit den Bundesfürsten im Altersheim Ronsdorf fand in Gegenwart von drei ausländischen Brüdern – Gschwind, Wittmeier und Hengefeld – statt. Die anderen Brüder waren bereits abgereist.

Nach den Einleitungen von Dr. Becker und Bruder Hartnack kamen u.a. wichtige Lehrpunkte zur Sprache, die eine Kontroverse zwischen Menninga und Dr. Becker auslöste. Dr. Becker hatte die Versuchlichkeit Jesu wieder zu begründen versucht, wie er es in einigen früheren Vorträgen ausgeführt hatte.

Wenn die Versuchung in der Wüste nicht die Möglichkeit für Ihn voraussetzte zu fallen, konstatierte Becker, dann wäre es ja wohl nur eine Komödie gewesen.

Der Gedanke, daß die Versuchung notwendig war, damit offenbar wurde, daß der Teufel keinen Anknüpfungspunkt bei Ihm fand, daß nur lauteres Gold da war, war Becker anscheinend nie durchs Herz gegangen.

Ein anderer Punkt war die These der Bundesfürsten, daß man die Vertreter der Allversöhnungslehre nicht so ohne weiteres verurteilen könne. Nach ihrer Meinung gab es Stellen in der Schrift, die die Möglichkeit offen ließen.

Auf meinen Versuch, die Einstellung des Christen zur Obrigkeit klarzulegen, entgegnete Bruder Ernst Berning: „Ihre Einstellung zur Obrigkeit kennen wir ja!"

Es kam zu einem Dialog zwischen Dr. Becker und mir über die Forderungen, die bei der Versammlung am 30. Mai erhoben worden waren bezüglich der Aufgeschlossenheit gegenüber kulturellen Dingen.

Es lag mir daran, festzustellen, inwieweit die Bedenken des christlichen Gewissens dagegen von Dr. Becker anerkannt wurden.

Ich sagte: „Wenn man von mir fordert, meine Kinder müßten die Reden der Parteiführer und Hitlers aus dem Radio hören, habe ich dann das Recht, das abzulehnen?"

„Nein!", antwortete Dr. Becker.

„Ich fühle mich aber für die Seelen meiner Kinder verantwortlich und kann sie nicht mit gutem Gewissen diesen Einflüssen aussetzen", erwiderte ich.

Da bekam ich zur Antwort: „Sie können das ablehnen, Sie können diese Auffassung haben, aber Sie dürfen sie nicht lehren."

Ich gab zurück: „Ich bin vor Gott verantwortlich, meine Kinder, die er mir anvertraut hat, davor zu schützen."

Ich fand kein Verständnis bei ihm, bekam vielmehr auf meine weiteren Ausführungen von ihm zu hören, ich sei ein komischer Kauz.

Bruder Felix Brockhaus stellte dazu deutlich und unmißverständlich fest: „Also, Brüder mit solcher Auffassung haben keinen Platz im Bund!"

Ich sprach dann noch Dr. Becker auf seine Begriffe über das Wesen der Welt, das was die Welt ist und die Kultur, an. Wir konnten auch da nicht eins werden. Er bezog den Ausdruck „Welt" nur auf die unmoralische Welt und bejahte natürlich die Kultur.

Ich sagte: „Ich will Ihnen mal wiedergeben, wie Schiller den Begriff „Kultur" definiert:

> *Die Kultur soll den Menschen in Freiheit setzen, sie soll ihm behilflich sein, seinen ganzen Begriff zu erfüllen. Sie soll ihn also fähig machen, seinen Willen zu behaupten, denn der Mensch ist das Wesen, welches **will**!*

Nun, Dr. Becker kam nicht leicht in Verlegenheit und erwiderte schlagfertig: „Wer sagt denn, daß Schiller recht hat?"

Darauf antwortete ich: „Das deckt sich mit meinen Beobachtungen, mit meinen Erfahrungen und vor allem auch mit dem, was ich aus dem Worte Gottes gelernt habe. Und die Frage, was die Welt ist, beantworte ich mit 1. Joh. 2, 16: *„...alles, was in der Welt ist, die Lust des Fleisches und die Lust der Augen und der Hochmut des Lebens, ist nicht von dem Vater, sondern ist von der Welt. Und die Welt vergeht und ihre Lust, wer aber den Willen Gottes tut, bleibt in Ewigkeit."*

Ich hatte, am Ende der Besprechung, einem Bruder beigepflichtet, daß für Warnungen vor den Unternehmungen in Berlin kein geneigtes Ohr zu finden gewesen sei und dabei Bruder E. Brockhaus an die erste Unterredung am 28. April erinnert. Er aber schnitt mir das Wort ab und sagte: „Sie haben heute genug geredet, jetzt lassen Sie mich mal reden."

In seinen dann folgenden langen und breiten Ausführungen versuchte er, die einzelnen Schritte zu rechtfertigen unter Wiederholung dessen, was in den Eingangsreden von Dr. Becker und Bruder Hartnack gesagt worden war.

Es wurde spät. Vor der Abreise gab es noch einen Imbiß, bei welchem ich neben Bruder Menninga – er war inzwischen mit vielen Küssen traktiert worden – zu sitzen kam.

Er meinte: „Bruder Stücher, sollten wir nicht doch etwas nachgeben?"

Ich frug zurück: „Worin?" Ich war bestürzt, daß selbst ein Bruder wie Johannes Menninga zur Nachgiebigkeit bereit war. Ich konnte mir das nicht anders erklären, als daß er auch keine völlige Klarheit über die wirklichen Hintergründe und Zusammenhänge hatte...

Dies fand ich bestätigt, als ich später mit ihm zusammentraf und er mir erklärte:

„Wenn nur die Forderungen der Regierung zu erfüllen wären, Männer zu benennen, die dem Staat gegenüber die Verantwortung übernähmen und keine politischen Elemente und Bestrebungen Eingang finden..., dann wäre es vielleicht unter anderer Führung möglich, diesen Weg zu gehen."

Immer wieder stieß ich auf die Fiktion: Was der Staat wolle, könne man annehmen, aber was Dr. Becker hinzufüge, sei unannehmbar.

Einige Wohlhabende haben nachher den Versuch gemacht, dies zu erreichen. Sie machten eine dahingehende Eingabe an die Gestapo, die selbstverständlich abschlägig beschieden wurde.

Sie waren also bereit, dasselbe zu tun, wenn die Führung nicht in Dr. Beckers Hand, sondern in anderer lag. Und dabei wäre der größte Teil derer, die den BfC ablehnten, zufrieden gewesen, das weiter fortsetzen zu können, was vor dem Verbot bestand.

***

Nur eine kleine Anzahl begriff den Zweck und Sinn des Verbotes, nämlich,

- daß erstens durch die Macht des Feindes alles auf die Probe gestellt und somit auch unser Glaube erprobt wurde – und da galt es vor allem zu beten, um nicht in Versuchung zu fallen. Der Herr ermahnte in Luk. 22 seine Jünger, als Er ihnen ankündigte, daß sie nun gleich Ihm der Verachtung und Gewalttätigkeit ausgesetzt sein würden, zu **beten**, daß sie nicht in Versuchung kommen möchten, d.h. daß die Zeiten, in welchen sie mit Gott wandelnd auf die Probe gestellt würden, nicht für sie ein Anlaß werden möchte, sich von Gott zu entfernen, sondern Ihm zu gehorchen.

- daß zweitens der innere Zustand der Versammlung gerichtsreif war, und der Herr erwartete, daß wir uns rückhaltlos darunter beugten,

- daß wir uns unserer Armut wieder bewußt und auf den Platz der Demütigung vor Ihm zurückgeführt werden möchten, den wir verlassen hatten.

Ein Bruder sagte unter Tränen: „Ja, man hat das alles gewußt und hat doch weitergemacht."

Brüder ohne diese Einsicht wurden so von dem Verbot getroffen, daß sie zu Boden gingen, wie es ein Bruder, der im Werk gegangen war, erzählte, daß er sich am Boden gewälzt habe; ihm war alles entschwunden, woran er sich bisher geklammert hatte. Die Aussicht, wieder mit der Hände Arbeit sein Brot verdienen zu müssen, war natürlich auch trostlos für ihn.

Es waren, wie gesagt, nur wenige, die das erkannten, wie z.B. das bereits erwähnte kleine Häuflein in Frankfurt, die vorher auf dem Angesicht lagen, dann aber aufstanden, wie sie mir in einer Grußkarte am ersten Sonntag nach dem Verbot bekundeten: „Nun hat der Herr die Sache in die Hand genommen, um die wir jahrelang gekämpft und gelitten hatten."

Es ist noch zu erwähnen, daß den ausländischen Brüdern, wenigstens den Schweizern, einen Monat nach der Zusammenkunft mit uns bzw. den Führern des Bundes, das Licht über den Weg des Bundes aufging, wovon ihr ernster „Mahnruf an die Brüder in Deutschland, die zum ‚Bund freikirchlicher Christen' gehören" vom 10. Okt. 1937 zeugt, als sie von dem Kasseler Beschluß vom 20. 8. 37 Kenntnis bekamen (der Zusammenschluß mit den Offenen Brüdern). Das soll im November gewesen sein??

Der Zusammenschluß des BfC mit den Baptisten wurde erst 1941 perfekt. Der BfC wurde aufgelöst, auch die Baptistengemeinde gab ihren Namen auf, und man nahm gemeinsam den Namen „Bund ev. freikirchlicher Gemeinden", kurz B.e.f.G. genannt, an.

Man suchte gewisse Bedenken, besonders bei Geschwistern vom BfC, dadurch zu zerstreuen, daß man erklärte, es handele sich nicht um eine Vereinigung freikirchlicher Christen, sondern um einen Zusammenschluß von freikirchlichen Gemeinden, die sich rein organisatorisch zur gemeinsamen Arbeit und gemeinschaftlichem Zeugnis zusammenschlossen.

Dabei ging merkwürdigerweise der gesamte Vermögensbesitz der Bundesgemeinden an den BefG über. Selbstverständlich wurde der Anteil an dem Lokalbesitz sowohl bei der Gründung des BfC als auch beim BefG derjenigen Geschwister unberücksichtigt gelassen, die nicht in den Bund gingen. Die vermögensrechtlichen Fragen wurden erst wieder nach dem Zusammenbruch akut, nachdem viele aus dem Bund zurückgekommen waren.

Verfolgungszeit

Alle, die sich dem, „was im Interesse der Staatsräson geboten" war, wie Dr. Becker in bezug auf das Verbot meinte, nicht fügten, wurden nun von der Regierung als „staatsgefährdend" oder als „staatsabträgliche Rebellen" betrachtet und demgemäß von der Geheimen Staatspolizei als solche behandelt, als wir uns trotz des Verbotes im kleinen Kreis nach wie vor zusammenfanden, um uns auf unseren „allerheiligsten Glauben" zu erbauen.

Der erste Eingriff der Gestapo erfolgte Anfang 1938 im Dillkreis: die alten Brüder Wilhelm Hild, Max Heinrichs und Bruder Enzerroth wurden unter Anklage gestellt. Es kam zur Gerichtsverhandlung, bei der Dr. Becker als Gutachter und Zeuge geladen war.

Sein Gutachten über die ehemalige „Christliche Versammlung" war wenig schmeichelhaft, auch für ihn nicht, und seine Auslassungen über die Regierungsmaßnahmen ließen erkennen, daß er das Verbot für rechtens hielt, zumindest nicht mißbilligte.

Interessant ist hierzu das Plädoyer der Pflichtverteidigung:

Die Anklageschrift gründet sich in der Hauptsache auf die Zeugenaussagen Dr. Beckers. Diese einseitige Zweckdarstellung B.s gibt ein ganz schiefes Bild von der Sache sowohl, wie auch von der Einstellung der Angeschuldigten und muß deshalb richtiggestellt werden.

1. haben sich die Angeklagten weder früher noch jetzt extrem und buchstabenmäßig nach darbystischen Richtlinien ausgerichtet wie viele der Gefolgsleute B.s, sondern vielmehr – von dem Wesen der Dinge durchdrungen – nach rein biblischen Lehren.

Sie können nicht einfach deshalb als Sektierer bezeichnet werden, weil sie keiner anerkannten Religionsgesellschaft angehören, sondern die Einheit der Kirche Christi auf biblischer Grundlage wollen.

2. *ist es Herrn Darby – der übrigens Ire war – nie eingefallen, irgendwelche gesetzlichen Forderungen aufzustellen.*

3. *nicht wurde früher „die Staatsbejahung vielfach als biblische Pflicht betont", sondern sie ist nach wie vor für jeden Christen eine Selbstverständlichkeit nach Römer 13.*

4. *Die Behauptung betr. Lebensverneinung ist so absurd, daß sie darauf verzichten, sich gegen diese Unterstellung zu wehren. Der Kinderreichtum und die Berufstüchtigkeit der Angeklagten beweisen zur Genüge die Haltlosigkeit der Anschuldigung.*

5. *Der immer wiederkehrende Vorwurf, daß in der sogenannten C.V. Bibelforscher, Marxisten und Kommunisten Unterschlupf und Betätigungsmöglichkeit gefunden haben sollen, ist in keinem einzigen Falle unter Beweis gestellt, sondern in jeder Gerichtsverhandlung entkräftet worden. In den drei von Dr. Becker erwähnten Fällen – die er ausdrücklich als Ausnahmefälle bezeichnet hat – wird es sich um solche handeln, die sich als bekehrte Christen auch vom Marxismus etc. bekehrt hatten, oder um solche Fälle, daß einfache Brüder, die gewissen plutokratischen Tendenzen (Herrschaft des Geldes) innerhalb dieses christlichen Kreises entgegentraten, als Kommunisten verdächtigt wurden. Keinesfalls kann von einer Betätigungsmöglichkeit solcher Elemente gesprochen werden; dagegen würden alle Verantwortlichen mit allen zu Gebote stehenden Mitteln gekämpft haben – notfalls unter Ausschluß des Betreffenden.*

6. *Die als „verbotenes Schriftenmaterial der C.V." beschlagnahmten Bücher und Schriften sind heute noch in den Verlagsbuchhandlungen käuflich, demnach also nicht verboten.*

7. *Den Angeklagten liegt jeder religiöse Fanatismus fern; auch betrachten sie jede Art von Sektiererei als verwerflich. Gerade weil sie aller Sektiererei abhold sind und im Glauben auf der biblischen Grundlage, auf welcher allein die Verwirklichung der Einheit der Kirche Christi, d.h. aller wahren Gläubigen möglich ist, verharren – sich also nicht in einem menschlich organisierten, verweltlichten „Bund" gegen andere Gläubige abschließen möchten – das ist einer der Hauptgründe, weshalb sie sich dem BfC nicht anschließen können.*

Wenn sie sich in Betätigung ihres christlichen Glaubens ohne Bindung an eine kirchliche Organisation im Sinne des Urchristentums einfach als Christen auf Grund des Wortes Gottes zu Gebet und Gottesdienst zwanglos zusammenfinden, dann ist das doch durchaus nichts Böses und kann nicht strafwürdig sein. Sie wollen nichts sein als Christen – die nach dem Glauben des Evangeliums leben.

Diese freie Ausübung ihres Glaubenslebens im kleinsten Kreise kann unmöglich unter das Verbot der C.V. fallen, wenn die unverletzlichen Rechte des Gewissens nicht angetastet werden sollen.

In den Ausführungsbestimmungen des gegen kommunistische Umtriebe erlassenen Gesetzes zum Schutz von Volk und Staat schließt der Gesetzgeber denn auch jede weitergehende, mißbräuchliche Anwendung des Gesetzes nachdrücklichst aus.

Es geht letztlich um die Frage, ob die Angeklagten ihres Glaubens leben können..."

Das Gerichtsurteil lautete trotzdem auf Gefängnisstrafe, die die Brüder antreten mußten. Bruder Enzerroth, dessen Leiden sich durch die Haft verschlimmerte, ging bald danach heim. Manche Brüder wurden hierdurch abgeschreckt und hielten sich von den geheimen Zusammenkünften zurück.

Eines Tages im Juni 1938 brach die Polizei bei mir ein, hielt Haussuchung und konfiszierte eine Anzahl Schriften. Sie versicherten mir, daß ihnen alle bekannt seien, die sich in meinem Hause versammelten. Ich war viel zu harmlos, als daß ich ihre Taktik durchschaut hätte und gab dann zu, daß Bruder G. Oppermann, Hermann Rink und zwei andere mit mir denselben Weg gingen und wir uns zusammenfänden.

Im Oktober des Jahres erhielt ich den Besuch der Gestapoleute aus Siegen. Während sie im Wohnzimmer den Bücherschrank und meinen Schreibtisch durchsuchten, hatte meine Frau rasch in meinem Arbeitsraum unter dem Dach einen Wäschekorb mit Korrespondenzen gefüllt und zu Nachbarn getragen.

Der eine Gestapomann bezeichnete den ganzen Inhalt des Bücherschrankes als Mist, worauf ich sagte: „Das ist kein Mist, das sind wertvolle Schriften, die uns über den Weg zum Himmel unterweisen und vom Worte Gottes handeln."

Da sagte der andere: „Gottes Wort! – Das haben doch Menschen geschrieben!"

Ich: „Aber <u>heilige</u> Männer Gottes redeten, getrieben vom Heiligen Geist."

Er: „Ach, Juden!"

Ich: „Wenn es dem allein wahren Gott gefällt, der souverän ist, solche dazu auszuerwählen, was wollen wir armselige Menschlein dann sagen?"

Er: „Die großen Kirchen legen sich's doch anders aus und sprechen uns doch auch den Himmel ab."

Ich: „Aber es ist gut, daß wir das Wort Gottes haben und nicht auf Menschenmeinung angewiesen sind."

Er bemerkte dann noch: „Die Bibel hat schon viel Unheil angerichtet..."

Ich dachte an 2. Kor. 4, 4.

Als sie mit der Durchsuchung fertig waren, wobei sie eine Anzahl Bücher und Schriften beschlagnahmten, frugen sie eindringlich nach meinem Büro. Ich verriet es ihnen schließlich, worauf sie nach oben stiegen und gleich über meine Vervielfältigungsmaschine und Schreibmaschine herfielen. Sie untersuchten die Makulatur und stellten fest, daß ich Vervielfältigungen gemacht hatte von Aufsätzen, die die gegenwärtige Lage betrafen; es war dies ein Aufsatz von Bruder Seitz über Jesaja 30:

> *„Wehe den widerspenstigen Kindern, spricht Jehova, welche Pläne ausführen, aber nicht von Mir aus, und Bündnisse schließen, aber nicht nach Meinem Geiste, um Sünde auf Sünde zu häufen; die hingehen, um nach Ägypten hinanzuziehen – aber meinen Mund haben sie nicht befragt – um sich zu flüchten unter den Schutz Pharaos und Zuflucht zu suchen unter dem Schatten Ägyptens..."*

Sie fanden auch Abzüge von der Erwiderung auf die Schrift von Warns „G. Müller und J. N. Darby", die sie am Vortag schon bei ihrer Durchsuchung im Hause des Bruders Christian Groß gefunden hatten. Ohne mit der Wimper zu zucken sagten beide Beamten:

„Die Maschinen werden beschlagnahmt und mitgenommen."

Auf meinen Einwand: „Sie wollen mich doch nicht meiner Werkzeuge berauben, die ich zum Broterwerb dringend brauche?", erwiderten sie kaltlächelnd: „Ja, wenn Sie so dumme Dinger damit machen!"

Ich forderte eine Empfangsquittung, die sie mir zuerst nicht geben wollten, weil es die Gepflogenheit der Gestapo war, nie etwas

Schriftliches aus der Hand zu geben. Ich schrieb ihnen die Quittung vor, und notgedrungen mußten sie ihre Unterschrift darunter setzen. Als sie eine Anzahl vervielfältigter harmloser Trostbriefe zerrissen, erhob ich Einspruch.

„Nein, das soll nicht mehr unter die Leute!" bekam ich von einem zur Antwort. Auf meine weiteren Vorstellungen hin drohte er, den ganzen „Plunder" zu verbrennen. Sie blieben über 2 Stunden.

Ich bekam kurz danach eine Vorladung zur Gestapo-Dienststelle in Siegen und mußte mich dort verantworten. Von den Gebeten der Brüder begleitet, hatte der Herr mir große Ruhe und Freimütigkeit zum Zeugnis geschenkt.

Der Vernehmungsbeamte – es war derselbe, der vorher bei mir war – stellte gleich die Frage nach unseren Bibelstunden.

Ich weigerte mich, Namen zu nennen, worauf er erklärte: „Dann mache ich Schluß und schreibe nur noch, daß Sie die Aussage verweigern; muß Ihnen aber eröffnen, daß Sie dann hierbleiben müssen; ich führe Sie dem Richter vor und Sie kommen in Untersuchungshaft."

Darauf ich: „So ist das?"

Er: „Ich gebe Ihnen Bedenkzeit, nehmen Sie die Sache ernst." Er ging nach nebenan zu seinem Kollegen: „Der will seine Brüder nicht nennen."

Nach 5 bis 10 Minuten sagte ich auf seine wiederholten Fragen wiederum: „Nein! – Lassen Sie mir bis morgen Zeit, ich muß meine Familie vorbereiten."

Er: „Gibt's nicht!"

Ich: „Sie müssen das doch gerade von Ihrem Standpunkt aus verstehen, ich habe schließlich auch noch etwas Ehrgefühl im Leib..."

Er: „Ja, das kann ich verstehen, daß Sie als Mann niemanden verraten wollen, aber..." Er gab sich dann mit zwei Namen zufrieden, außer einem ihm schon bekannten.

Dann fragte er nach Otto Bubenzer, nach Sammlungen etc., nach weiteren „Zellen".

Ich verneinte stets bzw. lehnte die Auskunft ab.

Er hatte schon bei seinem Besuch bei mir gemerkt, daß er von mir nicht viel erfahren könnte. Doch jetzt drohte er: „Wenn Sie es uns nicht sagen, dann holen wir Ihre Frau, und wenn die es uns nicht sagt, dann holen wir Ihre Kinder!"

Seine weiteren Fragen, denen ich ausweichen konnte, betrafen die konfiszierten Schriften und Vervielfältigungen. Aber da waren ihnen bei ihrem Besuch Briefe in die Hände gefallen. Ich hatte nämlich meine Brieftasche, die ich gewöhnlich bei mir trug, da ausgerechnet im Schreibtisch liegen lassen, und diese hatten sie nun auch erwischt und durchsucht.

Er frug nun: „Wie kommt's, daß Sie die alle kennen? Sie kennen sich und schreiben sich, das hat man doch sonst nicht wie z.B. bei den Katholiken."

„Das ist sehr einfach: wir fragen nicht: bist du dies oder das, sondern liebst du den Herrn Jesus. Die Herzen, die diesen Herrn lieben und Ihn zum einzigen Gegenstand haben, lieben sich und sind untereinander sofort verbunden als Glieder eines Leibes, des Leibes Christi."

Er: „Ich bin auch Christ, genau wie Sie."

Ich: „Dann frage ich Sie: Glauben Sie, daß der Herr Jesus der Sohn Gottes ist?"

Er: „Ach. wer das mal erfunden hat!"

Als er sagte: „Ich glaube auch an ein höheres Wesen!" und anfing, über die Judenbibel zu schimpfen, sagte ich: „Wenn Sie an den lebendigen Gott glauben, Schöpfer des Himmels und der Erde, dann frage ich Sie: Ist dieser große, ewige Gott zu klein, als daß er sich uns Menschen in einer unserem Fassungsvermögen angepaßten Weise offenbaren könnte? Und Er hat Sich uns geoffenbart in Seinem Wort, das bleibt, wenn alles andere vergangen ist."

Davon wollte er nichts hören und sagte: „Wir müssen weiterkommen ... Brief von Ernst Berning. Ist der auch im Bund?"

Ich: „Soviel ich weiß."

Er nahm den nächsten Brief, der von Dr. Becker war, als er mich noch zur Hohegrete-Zusammenkunft eingeladen hatte. „Leiter des Bundes. In Ordnung!" sprach er vor sich hin.

Am Schluß der vierstündigen Vernehmung fragte er: „Sie glauben, nichts Verbotenes mit den Vervielfältigungen und Besuchen getan zu haben?"

„Nein!"

Er formulierte: „*... und bin mir nichts bewußt, auch heute nicht... Es ist mir eröffnet worden, daß jede Fortsetzung ... weiterer Betätigung ... mit Schutzhaft oder Konzentrationslager bestraft wird.*"

Ich hatte zu Anfang, bei meiner Weigerung, etwas über das Recht der Obrigkeit gesagt und bat ihn jetzt, den Satz einzufügen: „*Ich sehe jede weitere Einschränkung der Freiheit als eine Beschränkung unserer Gewissensfreiheit an und betrachte dies als Eingriff in die Rechte Gottes über unsere Gewissen.*"

Er: „Lassen Sie das, nein, bitte, ich rate Ihnen als Mensch, lassen Sie das!"

Ich: „Warum?"

Er: „Wenn ich das nach Dortmund schicke, werden Sie sofort abgeholt!"

Ich: „Sooo?"

Dann folgte eine Unterhaltung über Gewissensfreiheit, bis er mir drohte: „Sagen Sie mir das nicht. Die Macht der Geheimen Staatspolizei ist über jeder Gerichtsbarkeit! Wenn Sie so fanatisch weitermachen, kommen Sie in den Pott.

Denn werden Sie angezeigt, verfügt Dortmund, und wir tun nur unsere Pflicht... Wir fragen dann nichts danach, ob Sie Schwerkriegsbeschädigter sind und Familie haben ... Dann müssen Sie sehen, wie Sie mit Ihrem Herrgott zurechtkommen..."

Beim Aufbruch sagte ich ihm noch: „Ich möchte Ihnen als Mensch sagen: Sie haben eine ungeheure Verantwortung. Sie haben es nicht mit mir zu tun, sondern mit meinem Herrn, der über allem steht..."

Darauf er: „Bist du Gottes Sohn, so hilf dir selbst." (Das war jedenfalls alles, was er aus der Bibel wußte.)

Ich: „Das sagen Sie mir, der Sie sich Christ nennen, sich nach Seinem Namen nennen?"

Er sagte dann – es wurde ihm inzwischen ungemütlich – : „Es ist ein anderes Christentum!"

Ich dankte ihm für die Unterweisung und entschuldigte mich, daß ich ihn noch aufgehalten hatte. „Auf Wiedersehen!"

Tatsächlich kam im Laufe der nächsten Woche eine Vorladung für meine Frau. Ich mußte sie allein zur Gestapo ziehen lassen, verbrachte aber die Stunden ihrer Abwesenheit auf den Knien. Ich war schon in dem Glauben, daß sie einem langen Verhör unterzogen worden sei, da kam sie gegen Mittag freudestrahlend nach Hause.

Nachdem man sie etwas hatte warten lassen, weil da allerlei Leute kamen, einer vom Fernsprechamt, der an der Telefonleitung zu schaffen hatte, dann noch ein anderer, und schließlich kam eine Frau, vermutlich die Frau des Gestapobeamten, und dann hatte jener plötzlich keine Zeit mehr. Er hatte ihr nur einige belanglose Fragen gestellt und sie entlassen.

Danach hatte sie noch einen Besuch bei einer befreundeten Schwester gemacht.

***

Das kleine Häuflein der Unentwegten schmolz bis auf wenige Familien zusammen. Es waren dies außer uns die Familien Alfred Krämer, David Kogut, Walter Kopfer, Ernst Dietrich und Gustav Hees.

Bruder Eduard Kogut ging um diese Zeit als Tourist nach Palästina, verschaffte sich dort ein Zertifikat und ließ ein Jahr später seine Familie nachkommen. Sein Vater, David Kogut, hielt sich zurück. Nachdem schon die Judengesetze erlassen waren, war er in stets wachsender Bedrängnis wegen einer möglichen Wegführung, die auch später erfolgte.

Ich kann sagen, daß ich mich den Behörden gegenüber zu ihm bekannt habe. Bei einer zweiten Vernehmung, durch die Oberstaatsanwaltschaft Dortmund, wurde ich speziell darauf angesprochen, daß ich Gemeinschaft mit Juden habe.

Ich sagte: „Ja und nein. Es sind blutsmäßig Leute jüdischer Abstammung, aber es sind Christen, die sich vom Judentum zu Jesus Christus als ihrem Heiland bekehrt haben, und das sind meine Brüder wie alle anderen, die an Ihn glauben!"

Man machte mich dann auf die Folgen aufmerksam, die das für mich haben würde, worauf ich erwiderte, daß ich keine Gründe anerkennen könnte, die mich daran hindern könnten.

Seine Frage: „Sie haben keine Bedenken, mit Volljuden Gemeinschaft zu machen?" –

Ich sagte: „Nein!" – „Sie haben also keine Ruhe, bis Sie im Gefängnis sind?" –

Worauf ich ruhig sagte: „Ich möchte lieber mit gutem Gewissen im Gefängnis sein als mit schlechtem Gewissen in Freiheit."

Darauf wußte er nichts mehr zu sagen.

***

Unvergeßlich ist mir ein Erlebnis im Zollhaus an der holländischen Grenze, wo ich nur durch die Güte des Herrn der Verhaftung entging.

Es war im Juli 1939, kurz vor Ausbruch des Krieges, als ich an der Konferenz in Alphen teilgenommen hatte. Bruder De Jager hatte mich bitten lassen, ihn auf meiner Heimreise am 31. Juli in Dinxperlo zu besuchen; er selbst konnte an der Konferenz aus Gesundheitsgründen nicht teilnehmen.

Da auch die Holländer schon furchterfüllt waren, daß jeden Tag der Krieg losbrechen könne – sie meinten schon am 1. August, wo ein großer Aufmarsch am Tempelhofer Feld über die Bühne gehen sollte –, legte mir Bruder De Jager aus diesen Gründen nahe, noch am 31. Juli über die Grenze zu gehen. Es könnte sein, daß sie am nächsten Morgen deutsch wären. Aber Schwester De Jager war zuversichtlicher und überredete mich, die Nacht noch bei ihnen zu bleiben.

Am nächsten Morgen begleitete mich Bruder De Jager zum Zollhaus. Um den Deutschen Gruß zu vermeiden, sagte ich: „Jetzt geht's wieder heimwärts." Der Zöllner visitierte meinen kleinen Koffer und fand da außer der Bibel einige Schriften, und ganz unten hatte ich auch noch einige Briefe. Die meisten hatte ich Bruder De Jager schon dagelassen.

Er frug: „Was ist das denn für Lektüre hier?" – „Nun ja", sagte ich, „das ist meine Reiselektüre, die ist nun mal eben biblisch." – „So, so, Sie sind wohl der Leiter von so 'ner Sekte, was?" –

Im übrigen schwieg er, las und suchte, holte verschiedene Alben herbei und blätterte Register. Dann griff er noch einmal eine Wortbetrachtung heraus, und als er sie öffnete, fiel eine Ansichtspostkarte heraus.

Ich bekam einen Schrecken, denn es war eine Postkarte, eine Ansicht vom Landgericht Meerseburg mit einem Bericht im Telegrammstil über den Verlauf der Gerichtsverhandlung in Meerseburg: „Dein Name wurde viel genannt, es ist gut ausgegangen...", dann folgten einige Zahlenangaben über die Geldstrafen; sechs, sieben Brüder hatten die Karte unterschrieben, die mir der Briefträger auf dem Wege zur Bahn, als ich nach Holland fuhr, noch zugesteckt hatte.

Der Zöllner studierte die Karte, und nach einem Stoßgebet zum Herrn tat sich plötzlich die Tür aus dem Nebenraum auf und sein Vorgesetzter trat hinzu; dem hielt er die Karte vors Gesicht und zeigte auf die Zahlen und Namen. Aber der las die Karte, schaute mich an und frug den Zöllner: „Haben Sie die Schriften in dem Verzeichnis gefunden?" – „Nein!" – „Sie können einpacken!" ... was ihn aber nicht hinderte, mich in der Zelle einer Leibesvisitation zu unterziehen. Mein lieber Freund De Jager stand vor dem Zollhause und hat wohl inbrünstig gebetet. Vor Jahresfrist hatte man dort auch den Bruder Stübi visitiert und beinahe festgehalten, weil er ein Verzeichnis von Adressen der Brüder in Deutschland bei sich hatte.

***

Einem gründlichen Verhör wurde ich bei einer späteren Vernehmung durch den Oberstaatsanwalt Dortmund, als Vertreter der Anklagebehörde des Sondergerichts, unterzogen, wo ich nach den Verbindungen mit dem Ausland gefragt wurde:

„Sie haben doch vor dem Verbot auch Konferenzen im Ausland gehabt? "

„Jawohl."

„Haben Sie daran teilgenommen?"

„Nein!"

„Wer hat diese eigentlich organisiert?"

„Ich weiß nichts von einer Organisation."

„Da ist aber doch zu den Konferenzen eingeladen worden, irgend jemand hat das doch durchgeführt."

Ich stellte mich dumm. Nach einigen Anspielungen auf Verwandtschaft mit internationalen Sekten, z.B. Bibelforschern, kam er dann auf die Konferenzen in Deutschland zu sprechen.

„Da sind doch in Elberfeld und Dillenburg Konferenzen gewesen. Haben Sie die auch besucht?"

„Ja", sagte ich.

„Ja, wer hat diese denn organisiert oder dazu eingeladen?"

„Oh", sagte ich, „das war allgemein bekannt. Sie fanden alljährlich zu bestimmten Zeiten statt, und wer da Zeit und Lust hatte, dahin zu gehen, der nahm daran teil."

„Wer hat denn da die Leitung gehabt?"

Ich sagte: „Davon weiß ich nichts."

„Ja nun, es muß doch irgendeiner die Konferenz geleitet haben."

„Nein."

Auf weitere Fragen erwiderte ich: „Ich könnte versuchen, Ihnen das zu erklären; ob Sie das aber verstehen, weiß ich nicht."

„Wenn der alte Herr Brockhaus da war und der sagte, so und so wird das gemacht, dann hat dem doch keiner widersprochen?"

„Er hatte ein gewisses Ansehen und gewissen Einfluß, aber so ist er nicht aufgetreten."

„Nun, sagen wir mal, Sie kommen des Morgens um 9.00 Uhr zusammen, und da steht der Bruder Stücher auf und hält einen langen Vortrag. Darüber wird es Mittag. Dann kommen Sie am Nachmittag wieder zusammen und wer steht da auf – der Bruder Stücher und hält einen langen Vortrag. Was wird man Ihnen dann sagen?"

Darauf erklärte ich: „Es ist jedenfalls so, daß wir bei solchen Zusammenkünften nur *eine* Autorität anerkennen: die Autorität und Leitung des Heiligen Geistes. Wenn alle unter der Zucht dieses Geistes stehen, dann wird nicht jeder das sagen, was er weiß, sondern nur das, was er sagen muß."

Als er inne wurde, daß er mir keine internationalen Beziehungen anlasten konnte und auch keine Führerrolle, begann er mir unter die politische Weste zu leuchten.

„Ist Ihnen das Wählen verboten?" frug er.

„Wer sagt Ihnen das denn?" – Ob er nun wußte, daß ich mich an den Naziwahlen nicht beteiligt hatte ... jedenfalls stellte ich das entschieden in Abrede und habe ihm erklärt, daß das eben von dem geistlichen Verständnis des einzelnen abhinge, inwieweit er sich mit den Bestrebungen der Welt einlassen könne oder nicht. Darüber bestünden keine gesetzlichen Vorschriften.

Dann interessierte er sich für meine Zugehörigkeit zu den Parteiorganisationen. „Sie gehören der NSDAP nicht an?"

„Nein, das kann ich nicht."

„Warum denn nicht?"

„Aus Gewissensgründen." Ich machte ihm dann klar, wie ich zur nationalsozialistischen Weltanschauung stehe, und daß ich mich aus Glaubensgründen nicht mit ihr eins machen könnte.

„Welcher Organisation gehören Sie denn an?"

„Keiner." Er nannte so verschiedene, aber alle mußte ich verneinen. „Aber der NSV gehören Sie doch an?"

„Nein, auch der NSV nicht."

„Nun schlägt's aber dreizehn. So ein Protokoll hat dem SS-Reichsführer Himmler noch nicht vorgelegen, daß jemand aus Gewissensgründen nicht einmal der NSV angehören kann. Dann wollen Sie uns das wohl überlassen, treppauf, treppab zu laufen, um die Groschen zusammen zu bringen."

„Ich habe Ihnen eben die Gründe genannt, aus denen es mir unmöglich ist, der NSDAP anzugehören, und die NSV ist doch eine Organisation der NSDAP, nicht wahr?"

„Allerdings."

„Aber wenn's ums Geld geht, dann stehen wir nicht, den Leuten deutlich zu machen, daß wir da bereit sind. Wenn sie nur unser Geld wollen?"

Als er sein Protokoll geschlossen hatte, sagte ich: „Darf ich wohl auch mal eine Frage stellen?"

„Bitte sehr!"

Ich sagte: „Ich will Ihnen nicht von meinen Opfern an Gut und Blut erzählen..."

„Ach, ja, Sie sind schwerkriegsbeschädigt!"

„... oder in bevölkerungspolitischer Hinsicht ..."

„Ach ja, Sie haben sieben Kinder!!" –

„... ich will Ihnen nur das Beispiel eines Mannes vor Augen führen, der elf Kinder hatte, darunter acht Söhne, die mit einer Ausnahme – wegen Körperbehinderung – alle Soldat waren. Drei kamen als Schwerkriegsbeschädigte aus dem Weltkrieg zurück, und eine Tochter hatte sich noch freiwillig in den Rot-Kreuz-Frontdienst in Rußland gemeldet.

Ich habe aus dem Munde dieses Mannes nie eine Klage gehört. Das war für ihn alles selbstverständliche Pflicht. Derselbe hat – und das war mein Vater – auch alles, was er von seinem Gehalt erübrigen konnte, an Kriegsanleihe gezeichnet, und als es nachher galt, diese aufzuwerten, dann sagte er: ‚Laß denen doch das bißchen auch noch, die haben ja doch immer kein Geld!'

Ich frage Sie, war das nicht eine positivere Einstellung zu Volk und Staat, als wenn ich mich mit der größten Begeisterung in allen Organisationen betätige und dann..."

Was hinterher kam, wollte er nicht mehr hören, da schnitt er mir das Wort ab.

„Ja, ja, das läßt sich ja hören, das ist alles gut und schön, aber ..." Dann hielt er eine lange Rede über die Belange des Dritten Reiches.

Der ganze Satz, den ich aussprechen wollte, hieß: „...und dann das Motto: *Gemeinnutz geht vor Eigennutz* nur als Aushängeschild zu gebrauchen."

Zum Schluß erlaubte ich mir die Frage nach dem Verbleib meiner Büromaschinen. Man hätte mich meiner Werkzeuge für meinen Broterwerb beraubt. Dann verwies er mich mit einer Handbewegung an den anwesenden leitenden Gestapo-Beamten und sagte: „Darüber entscheidet die Gestapo!" – worauf dieser Gestapo-Beamte sagte: „Nein, die Entscheidung liegt beim Regierungspräsidenten."

Bald darauf erhielt ich denn auch einen Bescheid des Herrn Regierungspräsidenten. Unter Anführung allerlei antikommunistischer Paragraphen wurde ihre Maßnahme begründet, daß *„die in Sicherheitsverwahrung genommene Vervielfältigungsmaschine Marke...Nr....und die Schreibmaschine zugunsten des Preuß. Staates eingezogen worden sind."*

Mein späterer Antrag an den Regierungspräsidenten, den ich nach dem Zusammenbruch 1945 stellte, worin ich um Aufhebung des Bescheides und Rückgabe der Maschinen bat, blieb bis heute ohne Antwort.

Wir waren fortgesetzt dem Druck und der Beobachtung der Gestapo ausgesetzt, weil wir nun einmal als solche bekannt und verwarnt worden waren, die das Versammlungsverbot ignorierten.

Bruder Hermann Thomas hatte allerdings gelegentlich eines geschäftlichen Besuches beim Kreisleiter Preußer in Weidenau erreicht, daß uns unauffällige Zusammenkünfte gestattet wurden.

Er, Preußer, der als Siegerländer über die Versammlungsangelegenheit informiert war, hatte auf eine entsprechende Frage an Bruder Thomas geantwortet, sie hätten Verständnis dafür, wenn wir im kleineren Kreis zusammenkämen, denn 10 oder 12 Personen wären ja noch keine Versammlung. Wir könnten das ruhig ohne Risiko tun, müßten allerdings Vorsicht walten lassen und uns unauffällig verhalten.

Als Bruder Thomas fragte: „Ja, aber was wird die Gestapo sagen?", antwortete Preußer: „Ach, ich werde mal mit meinem Gauleiter darüber sprechen und gebe Ihnen Bescheid."

Wenige Tage später rief der Kreisleiter bei Bruder Thomas an und sagte: „Machen Sie das ruhig so, ich habe mit dem Gauleiter gesprochen, wir haben nichts dagegen."

Bruder Thomas fragte zurück: „Können Sie mir das schriftlich bestätigen?"

Preußer lehnte ab: „Nein, das kann ich nicht."

Dann hat Bruder Thomas dem Kreisleiter die telefonische Unterredung schriftlich bestätigt.

Bruder Thomas lud uns daraufhin zu sich ein und berichtete uns freudig erregt den Vorgang und die Zusage des Kreisleiters der Partei, in der Erwartung, daß wir uns dazu äußerten. Als niemand etwas sagte, fragte er mich nach meiner Meinung.

Ich sagte: „Das ist ja alles gut und schön; im Interesse der Schwachen und Zaghaften wäre es zu begrüßen, wenn wir nicht dauernd so unter Druck gesetzt würden. Aber stelle Dir einmal die Auswirkungen davon vor, wenn das ruchbar wird: Viele, die blindlings in den Bund gegangen sind, werden sich dann uns zuwenden." Ich gab ihm noch verschiedenes anderes zu bedenken, worauf er dann sehr enttäuscht war.

Es dauerte keine 3 Tage, da hatten wir eine Vorladung zur Gestapo nach Siegen, und zwar Bruder Wilhelm Kühn, Christian Groß und ich als verantwortliche Vertreter der Nicht-Bündler im Siegerland. Dort wurden uns die Leviten gelesen.

Auf den Einwand, daß doch die Partei unsere Versammlungen gestatte, sprach der Gestapo-Beamte verächtlich: „Die (die Partei) haben nichts zu sagen; wir bestimmen darüber." Wir wurden dann eindringlich letztmalig verwarnt, mit der Aussicht, im KZ zu landen, wenn wir nicht das Versammlungsverbot in jeder Hinsicht beachteten. Als er seinen amtlichen Sermon abgeschlossen hatte, versuchte Bruder Groß ihm vorzustellen, daß es sich doch bei uns um gute Staatsbürger handele, die fast ausnahmslos unbestraft, kinderreich, unbescholtene Leute seien. Dies sei auch bei den Gerichtsverhandlungen offenbar geworden.

Darauf schaltete ich mich ein: „Ja, bei einer dieser Gerichtsverhandlungen hat der Offizialverteidiger dem Gericht begreiflich zu machen versucht, daß das ganze Verbot in der Luft hängt."

„Wieso?"

„Nun", sagte ich, „das gründet sich auf den §1 des Gesetzes zum Schutze von Volk und Staat, und dieses Gesetz ist gegen die Kommunisten erlassen, vom Reichspräsidenten unterzeichnet, nicht etwa gegen die Christen."

Da erregte er sich: „Das verstehen Sie nicht besser, das haben Sie noch nicht richtig gelesen, das muß ich Ihnen mal vorlesen."

„Bitte sehr!"

Er kramte in seinen Akten, ohne den Gesetzesband zu finden, ging zu seinem Chef und kam mit einem Buch zurück. Er las den Text vor, während ich mich inzwischen hinter ihn gestellt hatte und mitlas: „Zur Abwehr kommunistischer und staatsgefährdender Umtriebe..."

„Ich bitte Sie", sagte ich. „Wo steht das und? – hier steht ohne Interpunktion: zur Abwehr kommunistischer staatsgefährdender Umtriebe! – Es handelt sich also um kommunistische Umtriebe, die staatsgefährdend sind."

Er antwortete rasch: „Ja, das steht nicht da, aber das ist der Sinn."

„So?", sagte ich, „hm!"

Nun war der Mann ganz alteriert und hielt mir eine große Rede über das Gesetz und die Erfordernisse des Dritten Reiches. Er schloß mit der Feststellung ab: „Zur Not brauchen wir auch kein Gesetz!"

Ich sagte darauf: „Ja, wenn das so ist, dann sind wir also der Willkür eines Mannes ausgeliefert..." Darüber selbst erschrocken, fügte ich abmildernd hinzu: „... der das mal gut oder auch mal schlecht machen kann."

Mit solchen Mitteln versuchte man, das „Gegnerische geistig zu überwinden", das in unserem Falle schon „politisch ohnmächtig" war und nicht „organisatorisch verkümmert" zu werden brauchte, weil keine Organisation bestand.

In der Tat, es waren Gesetzlose, wie sie im Buche standen; ihre Prinzipien waren typisch machi-avellistisch.

Bei den Vernehmungen, die danach in Neunkirchen durchgeführt wurden, hatte die Gestapo bei einigen Brüdern erreicht, daß sie ein Protokoll unterschrieben, welches das Versprechen enthielt, sich nicht mehr an den verbotenen Zusammenkünften zu beteiligen.

Bruder Heinrich Klein weigerte sich aber, diese Unterschrift zu leisten, weil er sein Gewissen nicht binden lassen wollte. Darauf gewannen die anderen auch Mut, und einige, die schon unterschrieben hatten, zogen ihre Unterschrift zurück.

Leider nahm der Nachfolger des oben erwähnten Gestapo-Beamten in unserer Nachbarschaft Wohnung. Wir mußten nun fürchten, von diesem, namens Bültmann, ständig beobachtet zu werden. Doch fanden wir uns sooft wie möglich zusammen und haben das Brot gebrochen, wenn auch manchmal nur zu Zweien oder zu Dreien, die aber nach Matth. 18, 20 die Verheißung des Herrn haben.

Meine geschäftliche Tätigkeit beschränkte sich in dieser Zeit auf Bedienung von einigen Stammkunden mit Büroartikeln und provisionsweisen Maschinenverkäufen. Von einigen Kunden, darunter auch Brüder, wurde ich boykottiert. Als Nebenbeschäftigung führte ich dem Bruder Ernst Dietrich, der eine Zuckerwarenfabrik hatte, die Bücher.

Es war dies eine gewisse Tarnung meiner Hauptbeschäftigung, die darin bestand, die Zerstreuten im Siegerland, Dillkreis, Wuppertal und Frankfurt etc. zu besuchen und zu ermuntern, was natürlich der Gestapo nicht verborgen blieb, die mich bei einem Verhör fragte: „Sie halten das Bißchen wohl noch zusammen?"

War es aber nicht bezeichnend für den „Bund", daß die Gestapo den schärfsten Druck ausübte, um uns in den „Bund" zu treiben?

„Gehen Sie doch in den Bund, dann haben Sie keine Schwierigkeiten!", sagte man uns.

***

Die Zahl der Nicht-Bündler war, wie hier in Eiserfeld, auch an den meisten anderen Orten sehr klein, und noch geringer die Zahl derer, die sich trotz des Verbotes weiter zusammenfanden. Nur im Nassauerland waren in einzelnen Orten alle Geschwister nicht in den Bund gegangen, sondern verharrten auf dem Wege der Absonderung.

Dort setzte dann im Herbst 1942 die erste größere Gestapoverfolgung ein. Von Seiten der Gestapodienststelle Frankfurt, die einen bösen Wüterich, namens Friedrich, in dieses Gebiet entsandte, wurden in Dillenburg, Wissenbach, Eibelshausen, Eiershausen und Frohnhausen die Geschwister verhört. Dabei wurden sie unter Androhung der Haft gezwungen, Protokolle zu unterschreiben, die sie eigentlich mit gutem Gewissen nicht hätten unterschreiben können.

Eine ganze Anzahl Brüder wurde von der Gestapo inhaftiert, unter anderem die Brüder Rud. Wever, Dillenburg, und Walter Müller aus Eiershausen. In Frohnhausen hatte sich der wackere Bürgermeister, der aber vermutlich Parteigenosse war, entschieden gegen die Abführung einiger Brüder verwahrt und ganz energisch dagegen protestiert, da er diese Leute nötig brauche.

In Wissenbach wurden der einzige Bäcker, Bruder Hill, der alte Schmied Bruder Wilhelm Weitzel und Bruder Bastian in Haft genommen. Sie wurden kurzerhand rücksichtslos von der Arbeitsstelle abgeführt. Der eine war in der Bäckerstube, der andere auf dem Feld, der dritte im Betrieb.

Bei der Gerichtsverhandlung vor dem Sondergericht in Herborn hat auch der Bürgermeister von Wissenbach sich für die Brüder eingesetzt, die er als seine besten Leute bezeichnete, die ihm zu jeder Zeit zur Verfügung gestanden hätten.

Bezüglich der erwähnten Protokolle, die der Anklage zugrunde lagen, erklärte der böse Gestapomann Friedrich unter Eid, er habe in dem Protokoll nichts anderes aufgenommen als was die Leute ihm gesagt hätten. Da rief eine Schwester aus dem Zuhörerraum ganz entsetzt: „Meineid!"

Er, Friedrich, hatte nämlich der Frau des jungen Schmiedes Alfred Weitzel, die noch einen Säugling nährte, die Pistole auf die Brust gesetzt, indem er ihr Haft androhte: er würde sie sofort mitnehmen, wenn sie das Protokoll nicht unterschreiben würde.

Es war bei dieser Gerichtsverhandlung bemerkenswert, daß das Gericht, wie in allen Fällen andernorts, nicht unabhängig war. Der berüchtigte Friedrich hatte auch in Frankfurt gewirkt und Bruder Seitz und andere mit ihm verhaftet. Bei einer Haussuchung bei Bruder Seitz hatte er auch einige Briefe von mir gefunden; unter anderem auch Abschriften von Zitaten, über die er sehr aufgebracht war.

Eines war von Goethe aus der Elegie an Annette, worin es hieß:

O, Fürst, du kannst die Menschen zwingen,
für dich allein ihr Leben zuzubringen,
das wird man deinem Stolz verzeih'n;
doch willst du ihre Seelen binden,
durch dich zu denken, zu empfinden,
das muß zu Gott um Rache schrei'n.

Und ein anderer Vers von Goethe, wo er von den Tröpfen spricht, die, statt auf ihren Füßen, auf ihren Köpfen gehen:

...sie lästern, was ein jeder ehrt,
was gemeinen Sinn empört,
das ehren unbefangene Weisen.
Ihr Non Plus Ultra allezeit
ist Gott zu lästern und
den Dreck zu preisen.

Das hat ihn natürlich aufgebracht, und er war dann sehr interessiert für den Absender.

Als er aus Bruder Seitz die gewünschten Auskünfte nicht heraus bekommen konnte, hatte er seine Frau geladen und schließlich seine Kinder. Die Jungen stellten sich aber dumm, als er sich nach dem Onkel mit der Holzhand erkundigte. Dabei bin ich ihm wiederholt bei Gerichtsverhandlungen begegnet.

Glücklicherweise lag ich außerhalb seines Wirkungsbereiches.

Ich war einige Male auf seiner Spur, als ich die Frauen und Familien der gefangenen Brüder besuchte und ihnen die von den Brüdern zusammengelegten Gaben überbrachte.

Bei einem Besuch in Eiershausen hatte Friedrich mit seinen Kumpanen gerade das Haus verlassen, und als ich in das nächste Haus kam, war er gerade auch da fortgegangen.

In Nassau nahm Friedrich den alten Bruder F. Emde und seinen Schwiegersohn Paul Schönthaler mit, obwohl letzterer, der lungenkrank war, eine Genehmigung zu einer Kur vorweisen konnte. Die Krankheit wäre noch heilbar gewesen, wie doch wohl die Genehmigung der Kur beweist, aber die Gestapo hat ihn monatelang im Gefängnis in Frankfurt so zugerichtet, daß sie ihn nachher sterbend entlassen mußten, da die Krankheit zu einer offenen Tbc ausgebrochen war. Er war nur noch kurze Zeit zu Hause und ging dann heim. Bruder Seitz wurde wegen Herzerweiterung in die Heilstätte Hohe Mark entlassen; er ging dann auch kurz nach dem Zusammenbruch 1945 heim.

Die Frauen der gefangenen Brüder haben das alles tapfer ertragen. Besonders glaubensmutig war die Schwester Ruth Schönthaler, deren Mann, wie oben bemerkt, sterbend nach Hause entlassen wurde, nachdem ihr erster Sohn geboren war. Auf der Beerdigung des Bruders Schönthaler, die unter Polizeiaufsicht stattfand, durfte kein Wort gesprochen werden.

Nicht einmal eine Andacht im Hause war gestattet. Bruder Albert Winterhoff war gekommen, aber er durfte kein Wort sagen.

Dann habe ich die Erdschaufel genommen und die Worte aus Joh. 11, Vers 25 und 26 zitiert:

Der Herr Jesus sprach zu Martha: Ich bin die Auferstehung und das Leben,
wer an Mich glaubt, wird leben, auch wenn er gestorben ist;
und jeder,
der da lebt und an mich glaubt, wird nicht sterben in Ewigkeit. Glaubst du dies?

Einer der Beamten hat, wie ich hörte, zähneknirschend gesagt: „Das ist auch einer von denen." – Schwester Ruth Schönthaler hat sie beim Verlassen des Friedhofes angesprochen:

„Das ist nicht das letzte Wort in dieser Sache. Die wird noch einmal zur Verhandlung kommen."–

Die Beamten haben dann etwas verlegen beteuert, sie handelten doch nur im Auftrage.

Wie ich nach dem Kriege hörte, ist Friedrich, als ihm der Prozeß gemacht wurde, sehr glimpflich abgekommen. Die mir gebotene Gelegenheit, als Zeuge gegen ihn aufzutreten, habe ich abgewiesen.

In Freudenstadt wurde bei Bruder Franz Kaupp Haussuchung gehalten, wobei einige seiner wertvollsten Bücher beschlagnahmt wurden. Zum Erstaunen der Gestapoleute befanden sich bei diesem Bäcker die Septuaginta, die griech. Übersetzung des Alten Testaments und die hebräische Übersetzung, denn Bruder Kaupp war neben seinem Bäckerberuf eifriger Sprachforscher.

Als er zweimal bei der Gestapo wegen Rückgabe seiner Bücher nachgefragt hatte, bekam er, entgegen der Gewohnheit der Gestapo, den schriftlichen Bescheid, daß die Bücher unerwünschtes Schrifttum darstellten und sichergestellt worden seien.

Darauf antwortete Bruder Kaupp ihnen:

„Meine Herren, Dankbarkeit ist mir zur zweiten Natur ge-
worden. Deshalb danke ich Ihnen für die prompte Erledigung
meiner zweimaligen Bitte. Ihre Antwort läßt tief blicken.
Meine Antwort steht in Hebr.10, 4: „Ihr habt den Raub eurer
Güter mit Freuden aufgenommen, da wir eine bessere und blei-
bende Habe besitzen."
Auf Nimmer-Wiedersehen, es sei denn, daß Sie an Jesum
Christum glauben!"

Er war wiederholt verhaftet, und ein Gerichtsverfahren ist gegen
ihn und andere Brüder aus Süddeutschland eingeleitet worden; in der
Verhandlung soll es den Richtern schwül im Saal geworden sein.

*

Es wäre interessant, über die einzelnen Gerichtsverhandlungen zu
berichten. Ich beschränke mich auf die in Siegen vor dem Sondergericht staatgefundene Verhandlung gegen die Brüder Christian
Groß, Paul Rabe, Adolf Autschbach, Emil Koch aus Siegen und die
Weidenauer Brüder Wilhelm Kühn, Hermann Adolf und andere.

Letztere waren eines Sonntagmorgens von der Gestapo überrascht worden; wie verlautete, auf Anzeige eines Nachbarn, der in
den „Bund" ging.

Die Verhandlung gegen alle diese fand unter Aufsicht der Gestapo statt, denn der Gestapomann Weidendorf und sein Sekretär
Bültmann kamen in den Gerichtssaal, ohne ihn wie üblich auf Anordnung des Gerichtes bis zur Aufforderung wieder zu verlassen.

Weidendorf stellte sich vor dem Gericht auf und sagte: „Darf
ich hierbleiben?", und ohne die Antwort abzuwarten, setzte er sich
neben den Gerichtsdiener. Der Zeuge Bültmann nahm in dem Zuhörerraum Platz, bevor er als Zeuge vernommen wurde.

Das hatte der Friedrich aus Frankfurt nicht einmal gewagt. Das Gericht nahm das schweigend hin. Die Brüder wurden zu sechs Wochen Gefängnis verurteilt, die sie im Amtsgerichtsgefängnis in Siegen absitzen mußten. Als Bruder Hermann Adolf aus Weidenau, der als Vertreter der KOMA-Lebensmittelgroßhandlung geschäftlich mit der Gefängnisverwaltung zu tun hatte, sich zur Einlieferung meldete, da waren die Beamten entsetzt; sie hielten es für einen Scherz.

„Das ist doch nicht möglich!", sagten sie. „Bitte, hier ist der Bescheid." – „Hier oben sitzt die vornehmste Gesellschaft von Siegen", äußerte einer.

Die Gefängnisaufsicht war ihnen wohl gesonnen und hat ihnen alle möglichen Erleichterungen zukommen lassen. Der Wärter hat sich geäußert: „Sie dürfen hier das tun, was ihnen draußen verboten ist." Sie kamen nämlich in einer Zelle zur Wortbetrachtung zusammen.

Bruder Paul Rabe kam wider Willen an der Gefängnisstrafe vorbei. Als ich mich samstags von ihm verabschieden wollte, trat plötzlich sein Chef bei ihm ein; ganz aufgeregt sagte er: „Aber Herr Rabe, warum haben Sie uns das nicht gesagt? (Bruder Rabe hatte, als er vom Betrieb nach Hause gehen wollten, nur so beiläufig erwähnt, daß er 6 Wochen ‚Urlaub' nehmen müßte).

Wir hätten Sie doch frei bekommen, wenn wir rechtzeitig die Reklamation eingereicht hätten."

Bruder Rabe war nämlich bei der Firma „Fahrzeugfabrik Bald" in Siegen beschäftigt, die als kriegswichtiger Betrieb galt und unter Aufsicht des Wehrbeauftragten stand. Herr Bald hat es dann noch fertiggebracht, über den Wehrbeauftragten die Reklamation telegraphisch bei dem Sondergericht anzubringen und – Bruder Paul Rabe durfte nicht zu seinen Brüdern ins Gefängnis! Das war ihm ein Schmerz. Der Chef glaubte wohl, ihm damit einen großen Gefallen getan zu haben, aber Bruder Rabe meinte: „Dabei denken die doch nur an sich und ihren Vorteil."

Ebenso wie in Weidenau war auch in <u>Wuppertal</u> die Gestapo eines Morgens eingebrochen. Die Brüder hatten sich aber nicht in der Andacht stören lassen, und jene mußten warten, bis die Anbetungsstunde zu Ende war. Ich hatte sie vorher gewarnt, etwas größere Vorsicht walten zu lassen und ihnen vorgestellt, daß auf den Besten von uns kein Verlaß ist, wenn die Probe kommt.

Ein Bruder von dort hatte diese Erfahrung in der Gestapo-haft machen müssen. Er hatte nämlich die geforderten Angaben verweigert, worauf seine Frau verhaftet wurde mit der Drohung, daß man auch das Kind holen würde; dann ist er weich geworden und hat unterschrieben, was die Gestapo ihm vorlegte, und kam so frei.

Andere Angeklagte in Elberfeld kamen mit Geldstrafen da-von. Der gewisse Bruder mußte aber später wieder vor Gericht und wurde verurteilt, weil er bei der Gerichtsverhandlung gesagt hatte:

„Die Obrigkeit, die Regenten, sind nicht ein Schrecken für das gute Werk, sondern für das böse. Die Obrigkeit trägt das Schwert nicht umsonst, sie ist Gottes Dienerin und zur Strafe für den, der Böses tut."

Er wollte klarmachen, daß sie doch das Gute nicht bestrafen sollten. Er mußte einige Wochen sitzen.

Schließlich kam es im Frühjahr 1943 auch an mich, daß ich mich vor Gericht gegen die Anklage zu verantworten hatte,

„...zu Eiserfeld und an anderen Orten in den Jahren 1939 – 1942 fortgesetzt handelnd...den erlassenen Anordnungen, durch den die Sekte ‚CV' für das Reichsgebiet aufgelöst und verboten worden ist, zuwidergehandelt oder zu solchen Zuwiderhandlungen aufgefordert oder angereizt zu haben."

Neben dem besonderen Verfahren gegen mich als Hauptange-klagten lief ein Verfahren gegen die übrigen 6 Geschwister (dar-unter 3 Frauen) aus Eiserfeld, die sich mit uns versammelten. Die Verhandlung fand aber nicht vor dem Sondergericht, sondern vor dem Landgericht in Siegen statt.

Ich hatte mich vorher bereden lassen, eine Eingabe an die Ober-staatsanwaltschaft zu machen, worin ich ausführlich die Gründe für unsere Haltung dargelegt hatte. Daraufhin hat der Landge-richtspräsident Goebel, der aus Siegen stammte und auch die Ver-sammlung kannte, das vorher abgetrennte Verfahren gegen mich mit dem gegen die übrigen Angeklagten zusammen verhandelt.

Das war eine Gebetserhörung, und gleich in doppelter Hin-sicht, daß von der Gestapo nur der geladene Kriminalsekretär Bültmann als Zeuge erschien. Dieser aber wurde gleich verab-schiedet: „Sie können nach Hause gehen; wenn wir Sie brauchen, werden wir Sie rufen."

Als ich ansetzte, um einige erklärende Ausführungen zu ma-chen, unterbrach mich der Landgerichtspräsident: „Über Ihre re-ligiösen Überzeugungen wollen wir uns hier nicht unterhalten."

Wahrscheinlich hatte er hinreichend Aufklärung durch mein Schreiben an den Oberstaatsanwalt erhalten. Das fand ich schade! Denn nun konnte ich nur noch deutlich machen, daß ich mit dem Nationalsozialismus nichts gemein habe. Um den Kern der Sache, daß wir gerade wegen unserer religiösen Überzeugung der Verfolgung ausgesetzt waren, kam er so herum.

Das Urteil war sehr milde. Es lautete:

Bei der Strafzumessung war zu beachten, daß der Angeklagte noch nicht vorbestraft und im vorigen Kriege schwer verwun-det ist. Der rechte Unterarm ist amputiert und einige Finger der linken Hand sind verstümmelt.

Der Angeklagte ist Vater von 7 Kindern.
Es hat auch nicht festgestellt werden können, daß der Ange-
klagte staatsfeindlich eingestellt ist.
Andererseits muß strafschärfend beachtet werden, daß der An-
geklagte seine Wohnung zu den Zusammenkünften zur Verfü-
gung gestellt hat, auswärts an einer Veranstaltung teilgenom-
men hat und bereits 1938 dieserhalb verwarnt worden ist.
Unter Berücksichtigung dieser Umstände und bei den wirt-
schaftlichen Verhältnissen des Angeklagten erschien daher an-
stelle einer an sich verwirkten Gefängnisstrafe von 2 Monaten
eine Geldstrafe von RM 300,- als gerechte Sühne.

Alle anderen wurden mit Geldstrafe belegt. Anschließend an
die Gerichtsverhandlung kamen wir in meinem Hause mit noch
anderen Geschwistern aus dem Dillkreis zusammen.

***

Nachwort des Herausgebers

Ich habe aus dieser Zeit Kindheitserinnerungen, die mir noch deutlich vor Augen stehen. Die geheimen Versammlungen in den Häusern hatten für uns Kinder etwas Bedrückendes. Die Geschwister schlichen sich ins Haus, während der Stunde durfte nicht gesungen werden, und mussten so auch einzeln unauffällig wieder verschwinden. Trotzdem blieben die Zusammenkünfte nicht unentdeckt und wurden angezeigt. Eines Spätnachmittags im Oktober kam die Gestapo, es war schon dunkel, um eine Hausdurchsuchung zu halten. Glücklicherweise war die Sicherung kaputt, so dass sie wieder abzogen, aber bemerkten, sie kämen in zwei Stunden wieder, bis dahin sollten wir Licht beschaffen. Dann kamen die beiden Beamten. Wir Kinder irrten geängstigt auf der Straße umher und sahen das Fenster oben im Wohnzimmer erleuchtet, nicht wissend was mit Vater passieren würde.

Jede Zeit hat ihre Herausforderungen, Prüfungen, Versuchungen und Verführungen, auch die heutige. Ich bin nun mittlerweile auch in dem Alter meines seligen Vaters und schon mehr als 10 Jahre darüber hinaus (geboren 1933). Auch für mich brach eine Zeit des Kampfes an, wo man klar Position beziehen und u. U. handeln muss. Das war in den siebziger Jahren, als die 68er mit ihrer freudianisch-marxistischen Ideologie die Schule radikal veränderten, so dass viele christliche Eltern in Gewissenskonflikte kamen. Die Kinder aus der Schule zu nehmen (1980) war die letzte Konsequenz, die ich ziehen musste. „Hausschule" hatte ähnliche Folgen wie die verbotenen Hausversammlungen. Bei den Schwierigkeiten mit den Behörden war mir der Glaube meines Vaters hilfreich, um ganz auf den HErrn zu vertrauen, und Gott hat sich dazu bekannt.

So möchte ich auch wiederum diese „Erinnerungen" an die nächste Generation weitergeben. Möge sie nicht auf das Versagen und die Schwächen der Brüder in jener Zeit herabschauen, sondern es besser machen und den Glauben der Väter, die das Wort Gottes zu uns geredet haben, nachahmen (Hebr.13,7).

Helmut Stücher

Geisteskampf um Israel

„Endzeit"-Gefechte

Der Autor zieht in diesem Buch gegen die Irrtümer der Endzeit zu Felde und räumt mit der Deuterei von aktuellen Geschehnissen mit der biblischen Prophetie auf. „Politik und Glaube dürfen nicht vermengt werden" (Schenk). Im ersten Teil, „Endzeiterwartungen", greift er noch einmal auf sein erstes Buch, eine geistliche Auslegung der Johannesoffenbarung mit dem Titel „Geheimnis, Babylon", zurück, worin er die gegenwärtige kirchliche und gesellschaftliche Situation analysiert und eine Wende prognostiziert.

ISBN 978-3-7386-4393-0, 380 Seiten,
Format 13,5 x 21,5 cm · www.kulturenwende.de

Helmut Stücher

Sie aber erkannten ihn nicht

Die Josephgeschichte im Lichte der Offenbarung (1. Mose 37 - 50)

Jedes Auge wird Ihn sehen, wenn Er kommen wird in Seiner Herrlichkeit; aber werden wir Jesus erkennen in dieser machtvollen Größe? Die Antworten gläubiger Christen hierauf sind widersprüchlich. Viel Streit und Entfremdung ist unter Christen wegen der unterschiedliche Auslegung der Offenbarung entstanden. Die Verkennung des Lammes und der Mangel an Bruderliebe belasten auch das Verhältnis zu unserem Vater in Christo schwer. Der Autor nimmt die Geschichte Josephs zum Vorbild und zeigt die Problematik der Wiedervereinigung auf. Die gemeinsame geistliche Not, die Sorge um Familie und Kinder, treibt sie, ungewöhnliche Wege zu gehen, die zum Sohne und zur Versöhnung führen. Nach der Selbstprüfung und Überführung kann auch Jesus wie Joseph nicht anders, als Sich zu offenbaren, und alles wird gut. Eine dramatische Geschichte wird prophetisch aktuell.

ISBN: 978-3-7528-0484-3, 180 Seiten, Format 12 x 19 cm